中国铁建股份有限公司企业标准

大直径泥水盾构施工安全技术规程

Safety Technical Regulations for Construction of Large Diameter Slurry Shield

Q/CRCC 33302—2020

主编单位：中铁十四局集团有限公司
批准单位：中国铁建股份有限公司
施行日期：2021年5月1日

人民交通出版社股份有限公司
2021·北京

图书在版编目(CIP)数据

大直径泥水盾构施工安全技术规程／中铁十四局集团有限公司主编. — 北京：人民交通出版社股份有限公司，2021.4

ISBN 978-7-114-17168-0

Ⅰ.①大… Ⅱ.①中… Ⅲ.①隧道施工—泥水平衡盾构—安全技术—技术操作规程 Ⅳ.①U455.43-65

中国版本图书馆 CIP 数据核字(2021)第 050004 号

标准类型：	中国铁建股份有限公司企业标准
标准名称：	大直径泥水盾构施工安全技术规程
标准编号：	Q/CRCC 33302—2020
主编单位：	中铁十四局集团有限公司
责任编辑：	曲 乐 张 晓
责任校对：	孙国靖 魏佳宁
责任印制：	张 凯
出版发行：	人民交通出版社股份有限公司
地　　址：	(100011)北京市朝阳区安定门外外馆斜街 3 号
网　　址：	http://www.ccpcl.com.cn
销售电话：	(010) 59757973
总 经 销：	人民交通出版社股份有限公司发行部
经　　销：	各地新华书店
印　　刷：	北京交通印务有限公司
开　　本：	880×1230　1/16
印　　张：	5.5
字　　数：	113 千
版　　次：	2021 年 4 月　第 1 版
印　　次：	2023 年 5 月　第 2 次印刷
书　　号：	ISBN 978-7-114-17168-0
定　　价：	46.00 元

(有印刷、装订质量问题的图书，由本公司负责调换)

中国铁建股份有限公司文件

中国铁建科创〔2020〕172号

关于发布《铁路箱梁架设信息化施工技术规程》等 6项中国铁建企业技术标准的通知

各区域总部，所属各单位：

现发布《铁路箱梁架设信息化施工技术规程》（Q/CRCC 13201—2020）、《大直径泥水盾构施工安全技术规程》（Q/CRCC 33302—2020）、《铁路建设项目水土保持施工及验收规程》（Q/CRCC 12701—2020）、《悬挂式单轨交通机电系统技术标准》（Q/CRCC 33303—2020）、《铁路车载移动测量技术规程》（Q/CRCC 13501—2020）和《盾构法水下交通隧道技术规程》（Q/CRCC 33304—2020），自2021年5月1日起实施。

6项标准由人民交通出版社股份有限公司出版发行。

中国铁建股份有限公司

2020年12月23日

中国铁建股份有限公司行政办公室　　　　　　　　　　2020年12月23日印发

前　言

本规程是根据中国铁建股份有限公司《关于下达 2019 年中国铁建企业技术标准编制计划的通知》（中国铁建科设〔2019〕127 号）的要求，由中铁十四局集团有限公司会同有关单位共同编制而成。

在本标准的编制过程中，编制组进行了深入调查研究，系统地总结工程实践经验，广泛征求有关单位和专家意见，并与相关标准进行了协调，经反复讨论、修改，由中国铁建股份有限公司科技创新部审查定稿。

本规程共分 11 章，主要技术内容是：1. 总则；2. 术语；3. 基本规定；4. 施工环境调查；5. 施工安全风险管理；6. 盾构机拆装与设备保养；7. 盾构施工；8. 特殊地段施工；9. 特殊作业；10. 施工监测与环境保护；11. 应急管理与救援。

本标准由中铁十四局集团有限公司负责具体技术内容的解释，由中国铁建股份有限公司科技创新部负责管理。标准执行过程中如有意见或者建议，请寄送中铁十四局集团有限公司（地址：山东省济南市历下区奥体西路 2666 号铁建大厦 A 座；邮编：250000；邮箱：gcjsb1901@163.com），以供今后修订时参考。

主 编 单 位：中铁十四局集团有限公司
主要起草人员：薛　峰　陈　健　王承震　李明宇　李秀东　靳军伟　吴玉礼
　　　　　　　李传营　王　军　徐　磊　赵长青　苏秀婷　陈　鹏　庄绪良
　　　　　　　吴　遁　刘玉江　李克伟　安芳慧　刘四进　李东升　王华伟
　　　　　　　朱晓天　于文端　娄　瑞　王志康

主要审查人员：张旭东　张晓波　黄理兴　刘学增　刘俊岩　张稳军　孙文昊
　　　　　　　吴惠明　许和平　李庆民　张立青　袁内镇　张昆峰　阳军生
　　　　　　　王　旌

目 次

1 总则 ·· 1
2 术语 ·· 3
3 基本规定 ··· 6
   3.1 基本要求 ··· 6
   3.2 施工技术管理 ·· 6
   3.3 施工现场管理 ·· 7
   3.4 施工人员管理 ·· 8
4 施工环境调查 ··· 10
5 施工安全风险管理 ·· 12
   5.1 一般规定 ·· 12
   5.2 风险辨识与分析 ·· 12
   5.3 施工安全风险控制 ··· 19
6 盾构机拆装与设备保养 ··· 22
   6.1 一般规定 ·· 22
   6.2 盾构机吊装、调试与拆解 ·· 22
   6.3 盾构机设备维护保养 ··· 25
7 盾构施工 ·· 27
   7.1 一般规定 ·· 27
   7.2 盾构始发 ·· 27
   7.3 盾构掘进施工 ··· 29
   7.4 管片存放、运输与拼装 ··· 33
   7.5 盾尾密封 ·· 35
   7.6 壁后注浆 ·· 36
   7.7 泥水循环与处理 ·· 37
   7.8 盾构接收 ·· 38
   7.9 同步施工 ·· 39
8 特殊地段施工 ··· 40
   8.1 一般规定 ·· 40
   8.2 浅覆土施工 ··· 40
   8.3 小半径曲线段施工 ··· 40
   8.4 复杂地质段施工 ·· 41

8.5 复杂环境段施工	45
9 特殊作业	47
9.1 一般规定	47
9.2 常压开舱作业、常压换刀	49
9.3 带压开舱作业	50
9.4 盾构调头或过站	54
10 施工监测与环境保护	56
10.1 一般规定	56
10.2 施工监测	56
10.3 环境保护	60
11 应急管理与救援	63
11.1 一般规定	63
11.2 应急管理	63
11.3 应急响应	65
11.4 应急措施	66
11.5 应急逃生与救援	69
11.6 恢复施工	73
附录 A 进舱前进舱人员登记检查项目表	74
本规程用词说明	75
引用标准名录	76
涉及专利和专有技术名录	77

Contents

1 **General Provisions** 1
2 **Terms** 3
3 **Basic Requirements** 6
   3.1 General Requirements 6
   3.2 Management in Construction 6
   3.3 Site Management in Construction 7
   3.4 Personnel Management in Construction 8
4 **Environmental Investigation in Construction** 10
5 **Safety Risk Management in Construction** 12
   5.1 General Requirements 12
   5.2 Risk Identification and Analysis 12
   5.3 Safety Risk Control in Construction 19
6 **Shield Disassembly and Equipment Maintenance** 22
   6.1 General Requirements 22
   6.2 Lifting Assembling, Debugging and Disassembly of Shield Machine 22
   6.3 Equipment Maintenance of Shield Machine 25
7 **Shield Tunnelling Construction** 27
   7.1 General Requirements 27
   7.2 Shield Launching 27
   7.3 Shield Tunnelling Construction 29
   7.4 Storage, Transportation and Assembly of Segment 33
   7.5 Shield Tail Sealing 35
   7.6 Back-fill Grouting 36
   7.7 Slurry Circulation Treatment 37
   7.8 Shield Arrival 38
   7.9 Synchronous Construction 39
8 **Construction in Special Section** 40
   8.1 General Requirements 40
   8.2 Construction in Shallow Overburden Section 40
   8.3 Construction in Small Radius Curve Section 40
   8.4 Construction in Complex Geological Section 41

8.5 Construction in Complex Environmental Section ………………………… 45
9 Special Operations ………………………………………………………… 47
   9.1 General Requirements ………………………………………………… 47
   9.2 Work in Chamber and Tool Change with Atmospheric ……………… 49
   9.3 Work in Chamber with High Pressure ………………………………… 50
   9.4 Turn Back or Station-crossing ………………………………………… 54
10 Construction Monitoring and Environmental Protection ………………… 56
   10.1 General Requirements ………………………………………………… 56
   10.2 Construction Monitoring ……………………………………………… 56
   10.3 Environmental Protection …………………………………………… 60
11 Emergency Management and Rescue ……………………………………… 63
   11.1 General Requirements ………………………………………………… 63
   11.2 Emergency Management ……………………………………………… 63
   11.3 Emergency Response …………………………………………………… 65
   11.4 Emergency Measures …………………………………………………… 66
   11.5 Emergency Escape and Rescue ………………………………………… 69
   11.6 Resume Construction …………………………………………………… 73
Appendix A Check List of Personnel Registration before Entering the Chamber …………………………………………………… 74
Explanation of Wording in This Regulation ………………………………… 75
List of Quoted Standards ……………………………………………………… 76
List of Patents and Proprietary Technology ………………………………… 77

1 总则

1.0.1 为控制大直径泥水盾构施工过程中的安全技术风险，规范安全管理行为，预防事故发生，制定本规程。

条文说明

编制本规程的目的是加强施工单位对大直径泥水盾构施工安全技术的管理，确保施工质量、施工安全和环境安全，统一大直径泥水盾构施工安全与质量的技术标准。

1.0.2 本规程适用于大直径泥水盾构施工的安全技术管理。

条文说明

本规程不包括大直径泥水盾构的设计、使用和维护方面的内容。

1.0.3 大直径泥水盾构施工应遵循"安全第一、预防为主、综合治理"的原则，实施动态管理或控制，降低和规避施工安全技术风险。

1.0.4 大直径泥水盾构施工应设立质量安全管理机构，配置专职人员，进行施工风险管理策划，确立施工风险管理目标，建立施工风险管理体系，制定施工风险管理制度和实施细则，落实安全生产责任制和施工安全风险控制措施，对施工全过程进行风险管理。

条文说明

质量安全管理机构的主要职能包括下列内容：
（1）编制和修订专项施工方案和应急预案。
（2）编制和修订施工安全管理相关的规章、制度、实施办法等。
（3）材料、机械、设备等的验收、检测与维护。
（4）安全生产巡查、监督与整改。
（5）设置风险公告、禁止标识、警告标识、指令标识、提示标识、警示语句、安全防护措施等。
（6）安全设施与设备的购置、配置与更新。安全设施与设备包括防坠落、防爆、防火、防水、防触电、防毒、防烟等。

（7）施工安全技术交底、岗前安全技术交底、安全教育培训等。

（8）施工安全管理资料归档。

（9）质量安全管理机构下设应急救援机构，负责编制应急预案，应急物资、通信、人员等的保障与调配，组织应急演练、应急响应与救援，警情发布与信息公开，险情结束后恢复施工、人员安置、善后赔偿等工作。

（10）技术、医疗、治安、运输等保障工作。

1.0.5 大直径泥水盾构施工应严格按照设计文件、施工文件及相关技术标准的要求施工，并贯彻和落实文件中施工安全风险预防控制技术措施。

1.0.6 大直径泥水盾构施工安全技术与风险管理应具有适用性与规范性，同时宜利用数字化和网络化信息技术，提高施工安全管理水平，对施工全过程实施动态管理。

条文说明

盾构隧道工程施工全过程包括施工准备、施工、试运行和竣工验收。

1.0.7 大直径泥水盾构施工应遵循国家有关安全生产、环境保护、文物保护等相关法律法规的规定。

1.0.8 大直径泥水盾构施工安全技术除应符合本规程外，尚应符合国家现行有关标准和中国铁建现行有关技术标准的规定。

条文说明

本规程未规定的大直径泥水盾构施工技术内容可按现行中国铁建企业技术标准《大直径泥水盾构施工技术指南》（Q/CRCC 33301）的规定执行。

2 术语

条文说明

本章给出了本规程有关章节引用的术语。目前大直径泥水盾构施工方法在国内外应用广泛，但在术语定义上存在较多差异，通过本规程将统一大直径泥水盾构施工安全技术相关的术语。

本规程的术语主要参考现行国家标准《城市轨道交通地下工程建设风险管理规范》（GB 50652）、《盾构法隧道施工及验收规范》（GB 50446）和现行中国铁建企业技术标准《大直径泥水盾构施工技术指南》（Q/CRCC 33301）及相关作业指导书、施工工法和施工方案。

本规程的术语是从大直径泥水盾构施工安全技术管理的角度对其定义进行说明的，并给出了相应的推荐性英文术语以供参考。

2.0.1 泥水平衡盾构机 slurry shield machine

以泥浆为主要介质平衡隧道开挖面的地层压力，通过泥浆输送系统出渣的压力平衡式盾构机。

2.0.2 大直径盾构隧道 large diameter shield tunnel

开挖直径大于10m的盾构隧道。

2.0.3 风险控制 risk control

制订风险处置措施及应急预案，实施风险监测、跟踪与记录。风险处置措施包括风险消除、风险降低、风险转移和风险自留四种方式。

2.0.4 特殊地质段 complex geological section

由地质的特殊性所导致盾构隧道施工难度或施工安全技术风险增加的地段。典型地层包括岩溶发育地层、砂卵石地层、软硬不均地层等。

2.0.5 复杂环境段 complex environment section

因环境复杂导致盾构隧道施工难度或安全风险增加的地段。复杂环境包括穿越地下障碍物、堤坝、建（构）筑物以及小净距穿越既有隧道。

2.0.6 特殊作业　special operation
特殊作业是指常规作业之外的高风险作业,包括带压开舱作业、常压换刀、盾构调头或过站等。

2.0.7 盾构始发段　shield launching section
从盾构机刀盘接触土体至试掘进完成不小于200m的区段。

2.0.8 盾构接收段　shield arrival section
从盾构机刀盘距离盾构接收井洞口不少于100m的区段。

2.0.9 泥水舱　slurry chamber
泥水平衡盾构机开挖面和隔板(前隔板)之间的舱室。

2.0.10 泥膜　mud film
泥水平衡盾构机施工过程中,在地层表面及一定渗透范围内形成的渗透系数很小的颗粒聚集层。

2.0.11 泥水循环系统　slurry circulating system
用于泥水平衡盾构机,为泥水舱输送泥浆并通过管路排出渣土,参与开挖面压力平衡控制的系统,主要由泵、阀、管道及延伸装置等组成。

2.0.12 泥水处理系统　slurry treatment system
为泥水平衡盾构机提供泥浆调制和渣土分离的配套系统。

2.0.13 壁后注浆　back-fill grouting
用浆液填充隧道衬砌环与地层之间空隙的施工工艺,主要包括同步注浆、二次注浆。

2.0.14 同步施工　synchronous construction
与盾构掘进同时进行的内部结构施工。

2.0.15 常压开舱作业　work in chamber with atmospheric
在大气压力条件下实施的开舱作业。

2.0.16 带压开舱作业　work in chamber with high pressure
在高于大气压力条件下实施的开舱作业。

2.0.17 常压换刀 tools repair under atmospheric

在大气压力条件下实施的换刀作业。

3 基本规定

3.1 基本要求

3.1.1 盾构隧道应根据拟建工程水文地质条件、周边环境、工程特点、环境保护、施工风险影响、工期等因素，编制盾构机适应性配置方案，建立设备制造或改造过程中设计联络工作机制，并对盾构机适应性进行综合风险评估。

3.1.2 盾构机制造或改造过程中，应建立全过程工厂监造和验收制度。

3.1.3 盾构机超大、超重部件运输，应编制专项运输方案，经相关部门审批许可。

3.1.4 盾构施工前应编制盾构施工专项用电方案，并经相关部门审批许可。

3.1.5 项目负责人应当具有相应的执业资格和大直径盾构隧道工程施工管理工作经验。

3.1.6 管片预制时二次注浆孔的保护层厚度不应小于150mm。

3.1.7 特殊地质段施工前应进行专项补充勘察，补充钻孔间距不宜超过20m。

条文说明

特殊地质段包括岩溶发育区域、孤石群、断层破碎带、基岩凸起地质段。

3.2 施工技术管理

3.2.1 盾构隧道施工应根据设计与岩土工程勘察相关文件、相关规范与标准、工期等要求，编制施工组织设计和专项施工方案。

3.2.2 对于特殊作业、新技术、新材料、新工艺、新设备等，应编制专项施工方案和应急预案。

3.2.3 应对施工组织设计、专项施工方案、监测方案、应急预案进行专家论证，报批后方可施工。

条文说明

专家论证会重点对以下内容进行论证：
(1) 方案内容编制的完整性与可行性；
(2) 方案按相关标准和规范的执行情况；
(3) 方案与施工现场实际情况的切合程度。

3.2.4 当水文与工程地质条件、周边环境条件、施工条件、设计要求改变时，与之相关的施工文件应进行相应调整，若改变导致施工安全风险增加，应重新进行专家论证。

3.2.5 盾构隧道施工应对施工安全技术相关资料进行归档，并保证归档文件的真实与完整。

3.3 施工现场管理

3.3.1 施工现场、特殊作业区域、机械设备等应按照有关规定设置风险公告、安全警示标识、安全操作规程及安全防护措施等，不得任意拆除或挪动。

3.3.2 特殊作业区应设置应急通道，配置应急物资设备，并定期进行检查，确保应急物资充足、设备正常、通道畅通。

3.3.3 施工现场应配置视频监控和预警系统，对作业状态进行实时监控，发现问题及时处置。

3.3.4 施工作业环境应符合现行国家标准《盾构法隧道施工及验收规范》(GB 50446)和现行中国铁建企业技术标准《大直径泥水盾构施工技术指南》(Q/CRCC 33301)的有关规定。

3.3.5 施工现场应设置盾构专用备品备件材料仓库，设专人管理。材料、备品备件入库时应核查产品合格证、质量证明书、检测报告等相关资料。

3.3.6 机械设备管理除应符合现行行业标准《建筑机械使用安全技术规程》(JGJ 33)的有关规定。

3.3.7 施工现场临时用电管理除符合现行国家标准《建设工程施工现场供用电安全

规范》（GB 50194）和现行行业标准《施工现场临时用电安全技术规范》（JGJ 46）的有关规定外，高压配电尚应符合下列规定：

1 盾构施工用电应采用10kV双路电源配电方案，现场应设置开闭所或高压变电站。
2 地面供电宜采用铠装高压电缆，洞内供电宜采用高压软电缆。
3 高压线缆及接头应按规定进行耐压和绝缘测试。
4 洞内泥浆中继泵、同步施工宜设置专用配电设施。
5 所有电气设备应设置隔离防护装置和警示标识。
6 在配电设施附近应按规定配备消防器材及设施。

3.3.8 施工现场消防管理应符合现行国家标准《建设工程施工现场消防安全技术规范》（GB 50720）的有关规定。

3.3.9 施工现场交通管理应符合下列规定：
1 施工现场应设置交通指示标志，车辆通行应由专人指挥调度。
2 车辆在隧道内行驶速度不宜大于5km/h，同步施工区域应设置交通防护措施，通行车辆应减速慢行。
3 洞内物料运输和人行通道宜分离设置，并应加强物料运输通道防护。
4 洞内宜设置调车平台或设施。

3.3.10 吊装作业应符合现行国家标准《起重机械安全规程》（GB 6067）和现行行业标准《建筑施工起重吊装工程安全技术规范》（JGJ 276）的有关规定。

3.4 施工人员管理

3.4.1 应定期对人员进行安全教育培训，考核合格后方可上岗；特种作业人员应持证上岗，应定期组织人员进行应急培训与演练。

3.4.2 应为现场人员配发劳动防护用品，现场人员应按规定正确佩戴和使用防护用品。

条文说明

防护用品主要包括安全帽、防护服、防护鞋等；电焊人员作业前需穿戴防护工作服、防护手套、防护眼镜、绝缘胶鞋等，并保持身体干燥和清洁；电力操作人员需正确使用安全带、绝缘鞋、绝缘手套、工作衣等；高空作业人员作业前需系安全带且安全带需牢固可靠。

3.4.3 应建立防疫管理制度，定期进行健康教育培训和健康体检，对生活区和施工场区进行消毒，重大疫情期间应对所有人员进行健康检测，检测合格后方可进入办公、住宿和作业场所。

4 施工环境调查

4.0.1 施工前应进行施工环境调查，编制施工环境调查报告，并报送建设、设计与监理等相关单位。

4.0.2 施工环境调查宜包括下列内容：
1 工程地质及水文地质情况；
2 土地与地下水开发利用现状；
3 地下或地面交通通行现状、地基处理形式及其与隧道的方位关系；
4 施工用电和给排水设施条件；
5 施工监测条件；
6 施工场地范围；
7 大型机械设备和构配件，主要包括盾构机、后配套、管片、箱涵等的运输路线；
8 废水、废料、废弃渣土和废弃浆液的存放与处置条件；
9 地面水系的形态、走势及其与隧道的方位关系；
10 地上建（构）筑物的使用功能、结构形式、外形尺寸、内部构造、基础类型、现存状态、使用历史及其与隧道的方位关系，必要时应对建（构）筑物现状进行影像留存，根据调查情况可选择进行公证；
11 地下建（构）筑物和管线的使用功能、结构形式、外形尺寸、内部构造、基础类型、现存状态、使用历史及其与隧道的方位关系；
12 地下障碍物、废弃物的形态及其与隧道的方位关系；
13 有毒、有害气体和液体的赋存状态；
14 环境保护、水土保护、交通的法律法规；
15 施工现场周边交通管理部门、医院、消防部门的位置及联系方式。

条文说明

建筑物是人工建造的供人们进行各种生产或者生活等活动的场所。

构筑物是指人们不直接在内进行生产和生活的建筑物。

地上构筑物主要包括码头、桥梁、堤坝、电塔、（纪念）塔和碑、围墙等。

地下建（构）筑物主要包括管廊、隧道、车站、地下室、车库、人防设施等。

地面水系主要包括江、河、湖泊、海洋。

有毒、有害气体和液体的赋存状态主要包括化学成分、赋存的位置、体积及其与隧道的方位关系。

4.0.3 施工环境调查报告应包括下列内容：
1 工程概况；
2 调查目的；
3 调查依据与原则；
4 调查内容与工作量；
5 调查方法；
6 调查结果；
7 结论和建议。

条文说明

工程概况主要介绍隧道的线路长度、断面尺寸、埋深、结构形式，水文地质与工程地质条件，隧道沿线的周边环境等；调查目的是核实、修正和完善岩土工程勘察报告和设计文件中有关施工安全与技术的信息，为施工组织设计与专项施工方案编制提供依据；调查依据与原则根据施工环境调查方案，对各危险源和危险因素进行调查；调查方法包括资料调研、肉眼观察、寻访、电话咨询等；结论和建议中对岩土工程勘察和设计文件缺失信息，需进行补充说明；对与岩土工程勘察或设计文件要求不符的信息，需给出新增风险评估结果，并给出相应说明和处理建议。

4.0.4 施工环境调查发现实际工况与岩土工程勘察或设计的要求不符时，应重新评估工程风险；当导致施工安全风险增加时，应进行补充勘察；穿越易受损建（构）筑物、管网线时，应委托有相应资质的第三方机构进行结构检测评估和鉴定。

5 施工安全风险管理

5.1 一般规定

5.1.1 盾构隧道工程施工前应根据设计文件、周边环境保护、相关标准的规定，结合施工特点、施工技术水平、工期及施工经验，对施工风险源和风险因素进行辨识与分析。

5.1.2 施工前应根据风险源和风险因素特征，采取可行、有效的施工安全风险处置措施。

5.2 风险辨识与分析

5.2.1 应根据风险事件发生概率的大小、风险事件发生后果的严重程度，评定相应风险的等级，并对风险源和风险因素的特征、发生原因、发生概率与导致事故后果进行说明。

5.2.2 盾构隧道施工风险等级标准应符合现行国家标准《城市轨道交通地下工程建设风险管理规范》（GB 50652）的有关规定。

5.2.3 当设计和施工方案调整或变更，水文工程地质条件、环境条件、施工条件变化时，应重新对风险源和风险因素进行辨识分析。

5.2.4 盾构机吊装、调试和拆解的风险源、风险因素及可能导致的事故宜按表 5.2.4 的规定确定。

表 5.2.4 盾构机吊装、调试和拆解的风险源、风险因素及可能导致的事故

风险类别	风险源、风险因素	可能导致的事故	预防措施
盾构机吊装、调试、拆解	（1）未编制专项施工方案或方案不合理； （2）地基承载力不足； （3）起吊设备选型不合理、起吊作业安全系数不合理； （4）施工队伍未有相应资质与施工经验； （5）吊具、索具、安全装置等存在质量缺陷或损坏； （6）特种作业人员无证上岗、违规操作、违章指挥； （7）吊装站位与工作井的安全距离不满足设计要求	设备倾覆、人员伤亡、地表沉降超限、结构变形过大、基坑坍塌	本规程第 6.2 节

5.2.5 盾构机设备维护保养的风险源、风险因素及可能导致的事故宜按表 5.2.5 的规定确定。

表 5.2.5 盾构机设备维护保养风险源、风险因素及可能导致的事故

风 险 类 别	风险源、风险因素	可能导致的事故	预 防 措 施
盾构机维护保养	（1）未按维护与保养手册、相关制度对盾构机设备系统实施检查与保养； （2）管片拼装设备和管片运输起重机、箱涵吊装设备、换管起重机维护保养不到位； （3）主驱动润滑及密封系统、盾尾密封系统维护保养不到位	管片损坏、人员伤亡、主轴承密封失效、盾尾密封失效、盾尾涌水涌砂、地面塌陷、周边建（构）筑物开裂、管线破坏	本规程第 6.3 节

5.2.6 盾构始发与接收风险源、风险因素及可能导致的事故宜按表 5.2.6 的规定确定。

表 5.2.6 盾构始发与接收风险源、风险因素及可能导致的事故

风 险 类 别	风险源、风险因素	可能导致的事故	预 防 措 施
盾构始发与接收	（1）负环管片失稳； （2）反力架变形、断裂与位移过大； （3）端头加固不满足设计要求； （4）洞门帘布密封失效； （5）洞门二次密封失效； （6）洞门破除方法及时机不当； （7）基座变形过大； （8）盾构姿态失控； （9）偏离隧道轴线过大； （10）建舱失效； （11）盾构接收内外压力平衡失效	涌水涌砂、盾构机淹埋、隧道坍塌、地面塌陷、开挖面坍塌、周边建（构）物开裂、管线破坏、人员伤亡	本规程第 7.2 节和第 7.8 节

5.2.7 拆除负环管片与反力架风险源、风险因素及可能导致的事故宜按表 5.2.7 的规定确定。

表 5.2.7 拆除负环管片与反力架风险源、风险因素及可能导致的事故

风 险 类 别	风险源、风险因素	可能造成事故后果	预 防 措 施
拆除负环管片与反力架	（1）未编制专项施工方案或方案不合理； （2）特种作业人员无证上岗，违规操作，违章指挥； （3）吊具、索具、安全装置等存在质量缺陷或损坏； （4）待拆除管片失稳坠落； （5）工作井内管线防护不到位； （6）动火作业不规范	管片损坏、人员伤亡、结构破坏、火灾	本规程第 7.1.12 条

5.2.8 盾构施工风险源、风险因素及可能导致的事故宜按表 5.2.8 的规定确定。

表 5.2.8 盾构施工风险源、风险因素及可能导致的事故

风险类别	风险源、风险因素	可能导致的事故	预防措施
盾构施工	（1）刀具失效； （2）刀盘结泥饼； （3）开挖面水土压力失衡； （4）盾构顶推力过大； （5）同步注浆控制不到位； （6）盾构姿态失控； （7）盾尾密封失效； （8）管片预制精度和拼装精度低； （9）泥浆循环管道磨损破坏	管片开裂、盾尾渗漏水、地面冒浆、开挖面坍塌、隧道涌水涌砂、隧道坍塌、地面塌陷、周边建（构）物开裂、管线破坏、人员伤亡	本规程第 7.3 节

条文说明

刀具的磨损与地质条件、刀具材质及其在刀盘上的安装位置相关，并且随着掘进距离的增加而增大。布置在刀盘周边的刀具由于线速度大，切削路线长，因而磨损快、易折断、寿命短，乃至脱落，统称为刀盘失效。

5.2.9 管片存放、运输与拼装风险源、风险因素及可能导致的事故宜按表 5.2.9 的规定确定。

表 5.2.9 管片存放、运输与拼装风险源、风险因素及可能导致的事故

风险类别	风险源、风险因素	可能导致的事故	预防措施
管片存放、运输与拼装	（1）运输通道、吊装拼装区域防护措施不到位； （2）运输车辆故障； （3）吊装设备、拼装设备故障； （4）吊装、运输、拼装操作不当； （5）管片防水密封受损； （6）管片未按规定码放； （7）管片拼装精度不够	车辆损坏、管片损坏、隧道渗漏水、人员伤亡	本规程第 7.4 节

5.2.10 盾尾密封风险源、风险因素及可能导致的事故宜按表 5.2.10 的规定确定。

表 5.2.10 盾尾密封风险源、风险因素及可能导致的事故

风险类别	风险源、风险因素	可能导致的事故	预防措施
盾尾密封	（1）管片拼装精度不够； （2）密封油脂质量不合格； （3）密封油脂注入不均匀，或注入量不足； （4）盾尾刷质量差、破损、安装不当； （5）初装时手涂油脂不到位； （6）盾构姿态差、盾尾间隙不均匀； （7）同步注浆压力过大； （8）盾尾清洁不到位	盾尾渗漏浆液，盾尾密封击穿，隧道涌水涌砂，隧道坍塌，盾构机淹埋，地面塌陷，周边建（构）筑物、管线、道路等破坏，人员伤亡	本规程第 7.5 节

5.2.11 壁后注浆风险源、风险因素及可能导致的事故宜按表 5.2.11 的规定确定。

表 5.2.11 壁后注浆风险源、风险因素及可能导致的事故

风险类别	风险源、风险因素	可能导致的事故	预防措施
壁后注浆	(1) 注浆材料质量不合格； (2) 浆液配比不合理； (3) 注浆量不足； (4) 注浆压力过大或过小； (5) 注浆管堵塞，注浆设备故障； (6) 注浆不及时； (7) 注浆工艺方法不当； (8) 二次注浆点位选择不当，注浆孔封堵不到位； (9) 预留二次注浆孔保护层不足	地面隆起过大或沉陷，隧道渗漏水，盾尾密封击穿，管片开裂，成形隧道轴线偏移超限，周边建（构）筑物、管线、道路等破坏	本规程第 7.6 节

5.2.12 泥水循环与处理风险源、风险因素及可能导致的事故宜按表 5.2.12 的规定确定。

表 5.2.12 泥水循环与处理风险源、风险因素及可能导致的事故

风险类别	风险源、风险因素	可能导致的事故	预防措施
泥水循环与处理	(1) 泥水循环输送管堵塞、破损、连接失效； (2) 废弃浆液、废弃渣土排放不当； (3) 放射源管理不当； (4) 进出浆流量不平衡； (5) 泥浆指标与地层不匹配； (6) 泥水环流及处理设备选型配置不合理； (7) 泥水环流及处理设备故障； (8) 泥浆池安全防护措施不到位； (9) 人员操作不当	开挖面失稳、环境污染、放射污染、人员伤亡	本规程第 7.7 节

5.2.13 同步施工风险源、风险因素及可能导致的事故宜按表 5.2.13 的规定确定。

表 5.2.13 同步施工风险源、风险因素及可能导致的事故

风险类别	风险源、风险因素	可能导致的事故	预防措施
同步施工	(1) 吊装与运输设备故障； (2) 箱涵吊装、运输与拼装不当； (3) 指挥不当； (4) 防护措施不到位	箱涵破损、车辆损坏、人员伤亡	本规程第 7.9 节

5.2.14 浅覆土施工风险源、风险因素及可能导致的事故宜按表 5.2.14 的规定确定。

表 5.2.14 浅覆土施工风险源、风险因素及可能导致的事故

风险类别	风险源、风险因素	可能导致的事故	预防措施
浅覆土施工	(1) 开挖面压力设置不当； (2) 盾构姿态失控； (3) 加固措施不到位	冒浆，地面隆起过大、塌陷，开挖面坍塌，管片上浮错台、开裂、渗漏水，隧道轴线偏差超限，人员伤亡	本规程第7.3节和第8.2节

条文说明

浅覆土是指隧道上方覆土厚度小于盾构隧道外径的1倍~2倍。

5.2.15 小半径曲线施工风险源、风险因素及可能导致的事故宜按表5.2.15的规定确定。

表 5.2.15 小半径曲线施工风险源、风险因素及可能导致的事故

风险类别	风险源、风险因素	可能导致的事故	预防措施
小半径曲线施工	(1) 盾构机选型配置不当； (2) 扩挖量不足； (3) 推进液压缸行程差大； (4) 盾构姿态失控； (5) 管片选型不当； (6) 管片拼装选择点位不当	盾构机卡滞，后配套车架脱轨，盾尾刷破损、渗漏，管片破损、渗漏，地面沉陷，周边建（构）筑物、管线、道路等开裂，管片错台、开裂、渗漏水，人员伤亡	本规程第7.3节和第8.3节

条文说明

小半径曲线是指盾构隧道曲线半径小于盾构隧道外径的50倍。

5.2.16 复杂地质段施工风险源、风险因素及可能导致的事故宜按表5.2.16的规定确定。

表 5.2.16 复杂地质段施工风险源、风险因素及可能导致的事故

风险类别		风险源、风险因素	可能导致的事故	预防措施
复杂地质段施工	穿越岩溶发育地层	(1) 工程地质勘察不准确； (2) 处置方案不合理、处置措施落实不到位； (3) 盾构姿态失控	开挖面坍塌，刀盘卡机，盾尾渗漏，管片错台、开裂、渗漏水，人员伤亡	本规程第7.3节和第8.4.1条
	穿越砂卵石地层	(1) 泥浆配比与地层不匹配，开挖面泥膜成膜效果差； (2) 刀具、刀盘磨损严重； (3) 泥水循环输送管堵塞、破损； (4) 盾尾磨损变形	开挖面坍塌，地面沉陷，周边建（构）筑物、管线、道路等开裂，管片开裂、渗漏水，人员伤亡	本规程第7.3节和第8.4.2条

表 5.2.16（续）

风险类别		风险源、风险因素	可能导致的事故	预防措施
复杂地质段施工	穿越软硬不均地层	（1）工程地质勘察不准确； （2）刀具严重磨损、崩裂、刀箱损坏； （3）千斤顶分组推力分配不合理； （4）盾构姿态失控； （5）刀盘磨损、变形	开挖面坍塌，刀盘卡机，地面沉降沉陷，周边建（构）筑物、管线、道路等开裂，管片开裂、渗漏水，人员伤亡	本规程第7.3节和第8.4.3条
	穿越孤石群或基岩凸起地层	（1）工程地质勘察不准确； （2）预处理方案不合理、预处理效果差； （3）刀具严重磨损、崩裂、刀箱损坏； （4）千斤顶分组推力分配不合理； （5）盾构姿态失控； （6）刀盘磨损、变形	开挖面坍塌、冒浆，刀盘卡滞，地面沉陷，周边建（构）筑物、管线、道路等开裂，管片开裂、渗漏水，人员伤亡	本规程第7.3节和第8.4.4条
	穿越断层破碎带	（1）预处理方案不合理、预处理效果差； （2）刀具非正常磨损、崩裂，刀箱损坏； （3）刀盘磨损、变形； （4）开挖面泥膜成膜效果差	开挖面坍塌、冒浆，刀盘卡滞，盾体受困，地面沉陷，周边建（构）筑物、管线、道路等开裂，管片开裂、渗漏水，人员伤亡	本规程第7.3节和第8.4.5条
	穿越有毒、有害气体地段	（1）工程地质勘察不准确； （2）气体监测不到位； （3）预处理方案不合理、预处理效果差； （4）通风不到位； （5）防爆设施未配置或配置不完善； （6）未按规定操作	火灾、爆炸、设备损坏、人员中毒、伤亡	本规程第7.3节和第8.4.6条
	穿越河流、湖泊等水体	（1）工程地质勘察不准确； （2）开挖面压力设置不当； （3）泥浆指标与地层不匹配； （4）预处理措施不当； （5）注浆压力设置不当	冒浆、开挖面坍塌、管片渗漏水、水体污染、人员伤亡	本规程第7.3节和第8.4.7条

5.2.17 复杂环境段施工风险源、风险因素及可能导致的事故宜按表5.2.17的规定确定。

表 5.2.17 复杂环境段施工风险源、风险因素及可能导致的事故

风险类别		风险源、风险因素	可能导致的事故	预防措施
复杂环境段施工	穿越地下障碍物	（1）勘察不准确； （2）未进行预处理； （3）刀具非正常磨损、崩裂，刀箱损坏； （4）刀盘磨损、变形	刀盘卡滞，盾体受困，地面沉陷，周边建（构）筑物、管线、道路等开裂，火灾，爆炸，人员伤亡	本规程第7.3节和第8.5.1条

表 5.2.17（续）

风险类别		风险源、风险因素	可能导致的事故	预防措施
复杂环境段施工	穿越堤坝施工	(1) 开挖面压力调整不及时； (2) 开挖面失稳； (3) 加固措施不到位； (4) 壁后注浆填充不密实； (5) 监测信息反馈不及时	堤坝开裂、溃堤、管涌、人员伤亡	本规程第7.3节和第8.5.2条
	穿越建（构）筑物施工	(1) 开挖面压力设置不当； (2) 开挖面失稳； (3) 防护及加固措施不到位； (4) 壁后注浆填充不密实； (5) 监测信息反馈不及时	地面沉陷，建（构）筑物倾斜、开裂	本规程第7.3节和第8.5.3条
	小净距穿越既有隧道	(1) 开挖面压力设置不当； (2) 开挖面失稳； (3) 防护及加固措施不到位； (4) 壁后注浆填充不密实； (5) 监测信息反馈不及时	既有隧道变形、开裂、渗漏水、停运	本规程第7.3节和第8.5.4条

条文说明

小净距是指两条隧道净间距小于隧道外径60%的近接施工工况。小净距隧道施工的相互影响主要为拟建盾构隧道施工对既有隧道的挤压和松动效应，进而导致管片开裂、接头螺栓变形、接缝渗漏等现象。

5.2.18 常压开舱作业、常压换刀风险源、风险因素及可能导致的事故宜按表5.2.18的规定确定。

表 5.2.18 常压开舱作业、常压换刀风险源、风险因素及可能导致的事故

风险类别	风险源、风险因素	可能导致的事故	预防措施
常压开舱作业、常压换刀	(1) 开挖面失稳； (2) 气体质量不符合规定； (3) 携带违规物品进舱； (4) 人员健康检查不到位； (5) 环境湿度大、温度高； (6) 用电不规范； (7) 仪器仪表故障； (8) 舱外人员违规操作； (9) 重物、工具跌落或遗落； (10) 通道湿滑； (11) 作业时间不符合规定； (12) 密封闸门、换刀工装故障	开挖面坍塌，泥水倒灌，人员中暑、伤亡、气体中毒，起火爆炸，刀具、刀盘等设备受损	本规程第9.1节和第9.2节

条文说明

常压换刀是指常压刀盘换刀。

5.2.19 带压开舱作业风险源、风险因素及可能导致的事故宜按表5.2.19的规定确定。

表5.2.19 带压开舱作业风险源、风险因素及可能导致的事故

风险类别	风险源、风险因素	可能导致的事故	预防措施
带压开舱作业	（1）开挖面失稳； （2）保压失效； （3）舱内外压力不平衡； （4）气体质量不符合规定； （5）未按规定时间作业及加减压； （6）携带违规物品进舱； （7）人员健康检查不到位； （8）环境湿度大、温度高； （9）用电不规范； （10）仪器仪表故障； （11）氮麻醉； （12）舱外人员违规操作； （13）重物、工具跌落或遗落； （14）通道湿滑； （15）未按方案吸氧	开挖面坍塌，人员减压病、气压性损伤、氧中毒、中暑、伤亡、气体中毒，起火爆炸，刀具、刀盘等设备受损	本规程第9.1节和第9.3节

5.2.20 盾构调头或过站风险源、风险因素及可能导致的事故宜按表5.2.20的规定确定。

表5.2.20 盾构调头或过站风险源、风险因素及可能导致的事故

风险类别	风险源、风险因素	可能导致的事故	预防措施
盾构调头或过站	（1）未编制专项施工方案或方案不合理； （2）基座承载力不足； （3）起吊设备选型不合理、起吊作业安全系数不合理； （4）吊具、索具、安全装置等存在质量缺陷或损坏； （5）特种作业人员无证上岗； （6）违规操作，违章指挥	起吊设备倾覆、盾构机倾覆、人员伤亡	本规程第9.4节

5.3 施工安全风险控制

5.3.1 盾构隧道工程施工应利用施工监测、环境巡查、视频监控等手段，对已识别风险和新风险进行动态跟踪与控制，并对风险发展状态进行记录。

条文说明

风险记录包括风险识别时间、识别人员、风险发生区域、风险发展状态、风险预控措施、实施人员、风险控制效果等。

5.3.2 施工前安全风险管理措施宜包括下列内容：
1 划分施工风险职责；
2 制定施工风险管理制度、计划与实施办法；
3 实施施工风险调查和评估，编制相关报告；
4 编制施工关键节点风险管理专项文件；
5 编制施工风险识别表、施工风险清单、施工风险记录表；
6 制定施工风险管理培训与应急演练制度、计划及实施办法；
7 关键性施工应编制专项施工方案和应急预案；
8 编制施工监测方案，根据设计与施工文件要求，结合周边环境保护要求和施工条件，确定施工安全预报警指标。

条文说明

施工风险识别表、施工风险清单和施工风险记录表可按现行国家标准《城市轨道交通地下工程建设风险管理规范》（GB 50652）的有关规定执行。

5.3.3 施工过程中风险管理措施宜包括下列内容：
1 进行施工风险动态跟踪与记录；
2 结合工程施工进度及相关施工信息，上报有关部门施工风险状况；
3 新增风险评估分析；
4 实施风险管理培训、安全教育培训、安全技术交底与应急演练；
5 发布施工风险预报警；
6 发布施工风险通告；
7 启动与实施应急预案；
8 调配应急物资、设备与人员；
9 实施应急救援；
10 施工安全事故上报及处置。

条文说明

盾构隧道施工中往往因设计变更、周边环境、水文与工程地质变化使施工风险增加，为此需对新增加的风险进行评估分析。

5.3.4 关键性施工宜包括下列内容：

1 盾构机适应性选型与配置；
2 盾构机监造；
3 盾构机运输；
4 盾构机组装、调试与拆解；
5 盾构始发、试掘进与接收；
6 盾构掘进与施工；
7 同步施工；
8 复杂地质段施工、复杂环境段施工；
9 常压换刀作业；
10 常压开舱作业；
11 带压开舱作业；
12 冻结法施工。

5.3.5 施工前应逐级对管理人员和作业人员进行安全技术交底，交底内容应采用书面形式，并保存签认记录。

5.3.6 每班次交接班前应进行安全检查，发现安全问题，在未解决问题或责任未分清前不得交接班；交接班应"交任务、交安全和交质量"，并填写交接班记录，在交接班人员无异议签字后方为交接完毕。

6 盾构机拆装与设备保养

6.1 一般规定

6.1.1 盾构机配置应符合现行中国铁建企业技术标准《大直径泥水盾构施工技术指南》（Q/CRCC 33301）的有关规定。

6.1.2 盾构机及配套设备使用应坚持"预防为主、正确操作、养修并重"的原则，确保盾构机及配套设备各项技术性能良好。

6.2 盾构机吊装、调试与拆解

6.2.1 盾构机设备吊装应由具有专业资质的大件吊装与运输公司负责，并签订安全管理协议，明确双方责任。

6.2.2 吊装、拆解作业前准备工作应包括下列内容：
1. 编制专项吊装方案，完成论证审批；
2. 核实吊装能力满足吊装半径及最重吊物情况；
3. 吊装场地进行地基处理；
4. 对工作井围护结构变形和内力及吊装影响范围内的地表沉降进行监测；
5. 吊装设备进行进场报验；
6. 限定吊装安全作业范围，清除范围内影响吊装的物品，设置警示标识、警戒线；
7. 审查吊装人员资质；
8. 准备吊索具与辅助工具。

条文说明

吊装能力验算包括起吊能力、钢丝绳及卸扣、平衡梁及吊耳等的选择，主辅吊索及地基承载力的验算。若吊装场地承载力不满足最大部件吊装要求，则需采取措施。

6.2.3 盾构机设备吊装作业前和复工前应进行试吊。试吊过程中现场安全技术人员应旁站监督。

条文说明

起吊过大、过长的大型重吨构件及分段翻身时,构件离地高度不宜大于 0.5m,吊运前应设置警戒区,应试吊两次方可正常吊运。试吊时做吊钩升降动作,检查限位器的灵敏性、可靠性,起升机构各运动部件的灵活性等。在试吊较重物件时,可将重物吊离地面,吊钩起落各 3 次,来回行走各 2 次,全程回转各 2 次。制动时检查确认吊钩无溜钩现象,并验证制动时整机的稳定性。

6.2.4 吊装与试吊前应进行安全检查,确认安全后方可指挥起吊。安全检查应包括下列内容:
1 起吊设备行程开关、限位器、限制器、吊钩保险、制动、报警等安全装置;
2 起吊设备各连接件,电气、液压、驱动系统;
3 吊具与索具;
4 吊耳焊接质量;
5 盾构机构件尺寸与重量;
6 吊装区域的脚手架、梯道、管线等侵限情况。

6.2.5 不允许进行吊装作业的情况应包括下列内容:
1 超负荷或歪拉斜拽;
2 指挥信号不明确或违章指挥;
3 吊装物品捆绑不牢;
4 吊件上站人或有未固定物品;
5 吊件重量不明或光线阴暗、视线不清;
6 带棱角、缺口物体无防护措施;
7 工件埋在地下,并与建筑物或设备有钩挂;
8 安全装置不齐全或故障;
9 大雨、大雪、大雾及六级以上大风等恶劣天气。

6.2.6 吊装作业注意事项应符合下列要求:
1 吊装作业区域内应无遮挡视线、危险设施、构筑物等物件。
2 无关人员不得进入吊装作业区域,吊装物下方不得有人,吊件不得长时间在空中停留。
3 吊车应与工作井边沿保持安全距离。
4 起吊时臂杆、钢丝绳、吊物等与架空线路的安全距离应符合现行行业标准《施工现场临时用电安全技术规范》(JGJ 46)的有关规定;当不满足安全距离时,则宜临时停电或设置隔离设施。
5 盾构机及其部件在吊运中应加强保护,不得损坏和变形。
6 盾构机主机吊耳的布置应保证吊装时被吊物体受力平衡。

7 吊装现场应设专人统一指挥。
8 双机抬吊时应符合现行国家标准《起重机械安全规程》(GB 6067)和现行行业标准《建筑施工起重吊装工程安全技术规范》(JGJ 276)的有关规定。

6.2.7 盾构始发基座应符合下列规定：
1 应在基座上安装导向轨道，在始发基座到洞门区域应制作延长轨道；
2 应在外置钢环底部浇筑混凝土支座；
3 基座强度、刚度和精度应满足组装与始发要求；
4 钢基座底面与井的底板之间的空隙应垫平、垫实；
5 应在基座轨道上涂抹润滑油脂；
6 应对多次使用的基座加强维护保养；
7 应对洞门进行测量复核，制定基座放样定位参数和推进轴线参数。

6.2.8 盾构机组装应符合下列规定：
1 应遵循由后向前、先下后上、先机械后液压与电气的原则进行组装作业；
2 液压管线的连接应保证清洁；
3 组装过程中不得踩踏、扳动传感器、仪表、电磁阀等易损部件；
4 组装工具应由专人负责，专用工具应按操作规定使用；
5 应对辅助设施的安全稳定性进行验算；
6 所有部件的起吊应保证安全、平稳、可靠。

6.2.9 盾构机组装后，应依次进行各系统的空载调试、整机空载调试、负载调试，调试完成后应组织验收。

条文说明

空载调试技术要求可按现行中国铁建企业技术标准《大直径泥水盾构施工技术指南》(Q/CRCC 33301)的有关规定执行。

6.2.10 盾构机组装调试后应对盾体、人舱、物料舱、碎石机、刀盘、主驱动、拼装机、液压系统、润滑系统、水系统、空气系统、电气系统、后配套系统的外观与功能进行验收。

6.2.11 盾构机拆解作业除应符合本规程第6.2.1条~第6.2.6条的规定外，尚应符合下列规定：
1 拆解前应对所有需拆解的管线接口进行标识；
2 拆解各管线前应先关闭各个系统，断电，并释放液压、空气和供水等系统的压力；

3 液压系统管路、电气系统接口等管线接头应进行密封保护；
4 应确保各个部件支撑牢固；
5 应在确认各构件之间连接管线已拆解完毕并捆扎牢固后方可起吊；
6 被拆解的构件应及时运至指定地点，并应摆放整齐设专人看护；
7 拆除设备、构件不得堵塞作业通道。

6.3 盾构机设备维护保养

6.3.1 施工单位应建立与健全盾构机及配套设备的保养与维修制度，根据盾构机相关技术文件编制盾构机设备系统维护与保养手册，制订保养与维修计划，按规定执行。

6.3.2 复杂环境段和复杂地质段施工前应对盾构机设备进行维护保养。

6.3.3 盾构机的保养应由专业人员负责，保养工作应及时记录、存档。

6.3.4 保养与维修应相结合，避免"重用轻养、只修不养"。

条文说明

保养可分为例行保养和定期保养，并符合现行中国铁建企业技术标准《大直径泥水盾构施工技术指南》（Q/CRCC 33301）的有关规定。

6.3.5 施工中发现设备缺陷，应及时处理；对没有条件处理的带病运行设备，应采取临时控制措施，待设备缺陷消除后，方可消除临时控制措施。

6.3.6 出现故障时，机械、电气和液压工程师应到场开展会诊，并通过逐项排查确定故障原因，查明原因后进行修理。

6.3.7 发现设备隐患应及时上报并及时处理；对短时间内不能消除的设备隐患，应制订专项维修方案，设备隐患消除前应暂停使用。

6.3.8 机械、电气和液压设备的保养工作应在专业工程师的指导和监督下，由具有资质且培训合格的人员进行。

6.3.9 设备保养人员作业前应熟悉设备工作原理和构造。

6.3.10 盾构机设备停机期间应启动相关安全检查和维护工作，并确保可靠电力供应。

6.3.11 检查和维修带电设备前应断开电源，并用专业工具检查带电状况。

6.3.12 盾构机设备维护保养之前，应使设备可靠停机，液压机构安全闭锁；按规定要求启动和停机，非司机人员不得擅自操纵主机。

6.3.13 未经专业人员许可和授权，不应擅自在设备上进行任何修改、扩建和修复；压力溢流阀、减压阀、平衡阀、压力继电器和压力传感器等使用中，如需改动，应经专业负责人批准。

6.3.14 液压系统清洗时，应防止清洁剂漏入部件的密封中；不得使用带腐蚀性、带毛（纤维）的擦布清洗液压系统；清洗完毕后，应及时对液压系统进行装配或妥善遮盖保护。

6.3.15 油泵启动前应确保打开截止阀，所有液压油箱的补油应通过已明确为此设立的加注口来进行。

6.3.16 作业人员不应违章作业，不应任意取消安全保护装置，不应乱拆、乱卸、乱割、乱焊和任意改动设备结构。

6.3.17 应对正处于维护与维修状态的盾构机设备系统进行标识。

6.3.18 维护保养需拆卸安全装置时，在作业之后应对安全防护装置进行检查和调整。

6.3.19 维护保养完成后应复紧螺栓，并以安全环保的方式处理使用过的操作液体、材料和废弃零件；对盾构机进行清扫时，不得用水直接冲洗电气设备。

6.3.20 维护保养完成后应正确安装液压和压缩空气管路，接口不得混淆。

6.3.21 盾构机设备维护保养后应进行测试或检测，并经现场验收。

7 盾构施工

7.1 一般规定

7.1.1 盾构施工时应对隧道内外部环境进行监测，及时反馈数据信息，并根据数据分析结果，优化调整施工参数。

7.1.2 当盾构施工参数发生突变时，应暂停施工，查明原因，避免盲目施工导致盾构机部件受损。

7.2 盾构始发

7.2.1 工作井端头土体加固应符合下列规定：
1 应根据水文与工程地质条件、周边环境特点，结合洞门的结构、构造、埋深和破除方法，选用安全、适用的加固方法。
2 加固区长度宜大于盾构主机长度3m以上，加固区边界到隧道外轮廓的水平距离不宜小于3m。
3 加固完成后宜采用竖直抽芯和水平探孔相结合的方式，对加固范围、止水效果、强度等进行检查；抽芯过程中应对孔位、深度、连续性、抽芯孔封堵的效果等进行检验；加固效果检查合格后方可破除洞门处围护结构。

7.2.2 始发前应对反力架焊接与安装质量进行检测，对反力架稳定性进行监测。

7.2.3 始发前应对盾构姿态进行复测。

7.2.4 始发前应在盾构机刀盘外圈、外圈刀具和帘布橡胶板上涂抹润滑油脂。

7.2.5 盾构机通过洞门遇到困难时，可选择拆除部分刀具。

7.2.6 洞门破除、外置密封钢环安装应符合下列规定：
1 应编制洞门破除专项施工方案和应急预案；
2 洞门破除前应打探孔，对洞门渗漏水情况进行监测，发现渗漏水，不应进行洞门破除；
    3 洞门破除时间应与盾构负环拼装空推时间匹配；
    4 洞门破除时应在预埋钢环上设置注浆管；
    5 临时密封装置应安装牢固，并在帘布后安装弹性钢板；
    6 洞门破除应分层、自上而下剥离；
    7 洞门破除过程中应对地面进行监测与巡查；
    8 应及时清理破除渣土。

7.2.7 负环拼装应符合下列规定：
    1 负环拼装前应对盾尾手涂油脂的涂抹质量进行检查；
    2 应对首块管片进行测量定位；
    3 应在盾尾内设置管片轨道；
    4 应在相邻管片内外侧焊接连接钢板；
    5 对脱出盾尾的管片应及时在管片底部塞垫楔形块。

7.2.8 始发建舱应符合下列规定：
    1 应对舱内及帘布进行检查；
    2 舱内注入浆液的同时，应根据舱内液位高程同步在两道帘布之间注入堵漏材料；
    3 舱内逐步加压时，每次增加压力不得大于 0.1MPa；
    4 应通过连通管对开挖舱顶部进行排气，直至开挖舱充满浆液。

7.2.9 盾尾即将进入始发帘布时应进行二次密封。

7.2.10 盾尾完全进入帘布后，应及时进行同步注浆填充，注浆完成后方可掘进。

7.2.11 盾构始发时可采用低推力、低转速向前推进，并应焊接防止盾构机扭转的装置。

7.2.12 盾构始发时应对始发基座、反力架、负环管片和洞门密封等进行全程监测，如有异常应及时处理。

7.2.13 拆除负环管片及反力支架应符合下列规定：
    1 应编制专项施工方案，作业前应进行安全技术交底；
    2 拆除负环管片及反力支架前应拆除始发井范围内的运输轨道和水管；
    3 拆除负环管片及反力支架前对拆除所用材料、设施、设备进行检查，对设备进行调试，确保使用安全；
    4 应按顺序拆除管片螺栓，不得一次将整环管片螺栓松解或拆除；

5 拆除管片过程中，应及时用卡具或螺杆连接相邻管片；
6 管片起吊前应拆除所有连接螺栓、临时支撑，检查无误后方可起吊；
7 起吊过程中吊钩应垂直于管片，当管片达到起吊允许高度后吊装设备方可移动；
8 拆除管片应平卧放置；
9 吊装作业要求应符合本规程第6.2.4条~第6.2.6条的规定。

7.2.14 盾构分体始发时，应对盾构机的各种管线采取延伸与保护措施，应确定管片拼装、壁后注浆和材料运输等作业方式。

7.3 盾构掘进施工

7.3.1 盾构机启动前应派专人对盾体、人舱、物料舱、碎石机、刀盘、主驱动、拼装机、液压系统、润滑系统、水系统、空气系统、电气系统、后配套系统、盾尾密封系统等进行安全检查，检查合格后方可启动盾构机。

7.3.2 启动液压系统控制油泵增加工作压力时，应缓慢调节控制油泵的溢流阀，避免产生液压冲击，损坏机件。

7.3.3 刀盘刀具磨损的预防措施除应符合本规程第8.4.3条和第8.4.4条的规定外，尚应符合下列规定：
1 施工中应根据水文与工程地质特征、掘进距离、刀盘刀具类型、掘进参数及掘进状况等预测刀盘刀具的磨损情况，并合理制订更换计划；
2 软土地层中滚刀宜布置在刀盘外圈；
3 施工中应及时更换刀具，并对更换下来的刀具及时进行补焊，补焊后的刀具经检查符合规定后方可重新利用；
4 当出现刀圈的刀刃破损严重、转动轴承损坏、刀具润滑油脂泄漏等情况时，应及时对刀具进行更换；
5 当掘进地层的岩石硬度高、开挖面不平整时，应定期开舱对刀具尺寸、紧固程度、磨损情况等进行逐项检查；
6 施工中宜通过增加渣土的塑性及黏稠度，降低刀盘扭矩；
7 施工中宜向开挖舱内加注低浓度泡沫。

7.3.4 施工中宜对泥浆流量和密度进行计算与控制，跟踪观测每环掘削量，并将干砂量实际值与理论计算设定值进行对比，判断开挖面超挖情况。

7.3.5 施工中应加强泥浆质量控制、送排泥量监控，并适当加大泥浆密度并控制其黏度，保证泥膜质量。应提前计算掘进速度与进排泥的关系，发现排泥异常，应及时调整参数，防止超挖。

7.3.6 当出现超挖时，应立即检查泥水密度、黏度和开挖面水压力，并适当调整掘进参数。

7.3.7 开挖面稳定控制措施应符合下列规定：

1 施工中应控制开挖面压力波动，使开挖面压力始终略大于理论计算压力 0.2bar（1bar＝0.1MPa）。

2 施工中应按设计值设定开挖面水压力，根据水位变化情况，调整与控制泥水压力的波动值；根据开挖面水压力变化情况，及时调整千斤顶推力与推进速度，并宜利用探测装置，探查开挖面稳定情况。

3 施工中当开挖面水压力低于设定值时，应停止掘进，待开挖面水压力恢复至设定值，方可继续掘进。

4 应实时观察和调整气垫舱压力。

5 应根据施工工况条件及时调整泥水指标，保证成膜质量。

6 出现超挖时，应立即检查泥水密度、黏度和开挖面水压力，并宜利用探查装置，调查土体坍塌情况，在查明原因后应及时调整有关参数。

7 施工中宜在盾构的排泥吸口处安装搅拌机或粉碎机，以保证吸口的畅通，排浆泵前的过滤器应经常进行清理。

8 盾构隧道穿越施工时宜采用半舱气压平衡模式掘进，如若地面沉降较大应开启盾构机的保压系统，保证开挖面稳定。

7.3.8 冒浆控制措施应符合下列规定：

1 施工前应对地层中的钻孔进行及时封堵，安排专人负责监督检查封孔质量，并逐一详细记录，确保封孔密实有效；

2 应设专人 24h 巡视，发现冒浆现象，及时告知盾构机长，调整掘进参数，同时组织人员进行封堵；

3 应及时调整控制推进速度和排浆量，及时补给泥浆；

4 应控制开挖面水压波动范围，该值宜控制在 $-0.2kg/cm^3 \sim +0.2kg/cm^3$；

5 应控制同步注浆压力，并在注浆管路安装安全阀。

7.3.9 施工中为防止吸口堵塞应保证各搅拌机正常运转，并对进浆管、排浆管及泥浆泵等设备定期维护保养。

7.3.10 盾构姿态控制措施应符合下列规定：

1 施工中应对盾构机的位置和盾构隧道的测量控制点进行准确的测量，明确实际隧道中心轴线与隧道设计中心轴线的关系，控制盾构姿态；

2 施工中应实时纠正盾体滚转角，确保盾体转角在允许范围内；

3 施工中应定期对盾构姿态和管片状态进行测量和复核，发现姿态偏差，应勤纠偏、缓纠偏；

4 盾构姿态的允许偏差为 ±5cm，盾构滚动的允许偏差为 ±6mm/m；

5 为防止盾构滚转角偏差过大，在保证正常掘进前提下，可适当降低刀盘扭矩，刀盘旋转宜顺时针、逆时针交替进行；

6 盾构机竖向、横向偏移量过大时，宜通过调整千斤顶各编组压力，并加强同步注浆管理，确保注浆效果，使成形隧道保持稳定，提高纠偏效果。

7.3.11 盾构停机安全控制措施应符合下列规定：

1 盾构停机期间应加强对地面的监测与巡查；

2 调节开挖舱压力时，宜比设定压力略大于 0.1bar～0.3bar；

3 到达计划盾构停机位置前 3 环～5 环，应稳定盾构姿态；

4 应适当加大同步注浆量，填充超挖间隙；

5 应适当加大盾尾油脂的注入量，保证密封效果；

6 长时间停机时，宜利用膨润土封堵同步注浆管。

7.3.12 刀盘结泥饼控制措施应符合下列规定：

1 应根据水文地质与工程地质条件，调节泥浆的黏度和密度，宜使用低黏度、低密度的泥浆，降低刀盘扭矩；

2 在满足刀盘刀具开挖能力的前提下，应提高刀盘中心部位结泥饼高发区内刀盘的开口率，合理布置刀具，并宜不断变换刀盘转向，加大对开挖舱、破碎机、刀盘中心的冲刷力度；

3 应采用分离设备、压滤设备、离心设备，加强对泥浆处理设备的检修，并适当增加配件库存量；

4 应适当提高刀盘转速，加快排渣速度；

5 泥浆密度偏高时，应及时弃浆并加水稀释；

6 盾构进入较稳定地层，宜及时开舱清理固结泥饼，了解地质状况及刀具磨损情况；

7 掘进过程中应随时注意参数变化，掌握出渣情况，发现出渣不畅应立即停机，多次切换进浆支管，对刀盘和舱内堆积的渣土进行循环冲洗；

8 出现推力、刀盘扭矩和中心温度逐渐增加而掘进速度反而下降的情况时，应停止掘进，加大泥水循环和对刀盘冲洗，必要时开舱清除已固结泥饼；

9 在稳定地层、埋深较大、地面无建（构）筑物时，可采用半气压半泥水模式掘进。

7.3.13 盾尾管片上浮控制措施应符合下列规定：

1 控制盾构姿态，发现姿态偏移，应勤纠偏、缓纠偏；

2 通过调整浆液配比，缩短同步浆液初凝时间；

3 合理调整成形隧道顶部和底部各注浆孔的注浆量和注浆压力；

4 及时对成形隧道进行二次双液注浆；

5 加强管片上浮监测。

7.3.14 放射源使用安全技术要求应符合下列规定：

1 应根据相关法律法规，建立放射源安全管理规章制度。

2 操作人员应经辐射安全培训，并取得辐射安全操作证书，持证人员应对施工相关人员进行安全技术交底。

3 放射源应单独存放，宜建立砖房或配置单独集装箱存放，应配备双门双锁、监控及报警等防盗、防破坏装置。

4 施工现场应配置警示标志、防护服、剂量检测仪等防护仪器设备，并由专人管理。

5 应选择有资质的放射源运输厂家，将放射源运输至施工现场，并联系放射源制造与安装厂家对放射源进行安装与调试。

6 放射源应安装在盾构机上远离人员频繁活动且不易靠近的位置，并设立防护罩及悬挂明显的辐射安全标识。

7 放射源暂存及安装在盾构机上使用时，应每天进行巡查并记录，每年应委托专业机构进行不少于一次的辐射监测。

8 各涉源项目应建立放射源档案汇编，档案汇编宜包括下列内容：

1）辐射安全许可证复印件；

2）放射源申购审批文件、出厂证明书、送贮证明文件；

3）辐射事故应急计划或方案；

4）辐射事故应急演练记录；

5）放射源安全管理规章制度；

6）个人剂量监测报告；

7）辐射环境监测报告；

8）辐射工作人员名录及培训合格证书；

9）辐射防护仪器设备及用品明细表；

10）辐射安全与防护状况年度评估报告；

11）各级环保部门历次现场检查整改意见及整改情况；

12）放射源使用备案注销手续。

9 在放射源使用完成后应及时向使用地及归属地生态环境部门申请备案注销，先在使用地注销，后在归属地注销，注销完成后运输至下一个使用项目，如无后续项目，则使用完成后存于现场暂存库，待后续项目满足进场条件时办理备案注销手续。

条文说明

放射源安全管理规章制度包括使用操作规程、辐射防护制度、人员培训计划、监测计划、放射源或操作人员出入库管理登记制度、安全保卫制度。

在托运放射性物品时，托运人需持有生产、销售、使用或者处置放射性物品的有效证明，使用与所托运的放射性物品类别相适应的运输容器进行包装，配备必要的辐射监测设备、防护用品和防盗、防破坏设备，并编制运输说明书、核辐射事故应急响应指南、装卸作业方法、安全防护指南。运输说明书包括放射性物品的品名、数量、物理化学形态、危害风险等内容。托运二类、三类放射性物品的，托运人需对其表面污染和辐射水平实施监测，并编制辐射监测报告。监测结果不符合国家放射性物品运输安全标准的，不得托运。

7.4 管片存放、运输与拼装

7.4.1 管片现场存放应符合下列规定：
1 管片堆放场地应坚实平整、排水流畅，且地基承载力应满足要求。
2 管片应码放整齐，管片存放层数应符合设计要求，并采取保护措施防止管片磕碰。
3 管片水平存放时，管片与管片之间应设置垫木，垫木尺寸应满足上下层管片间距要求及管片受力要求，应采取措施防止垫木遇水污损管片内弧面，上下层管片的垫木摆放的位置应保持在一条直线上。
4 管片垂直存放时，应保证上下层管片在同一垂直线上。

7.4.2 管片运输应符合下列规定：
1 装车前应对管片外观进行检查，合格后方可吊装运输。
2 管片运输单位应具有相应资质，吊装管片前驾驶员应检查车辆安全性能。
3 装车时应设专人指挥，平稳吊装，并对装车管片进行有效的紧固保护。
4 管片内弧面应向上平稳放置运输车辆上，管片之间应设置垫木。
5 管片运输应满足行车安全与车辆载重规定。
6 采用船只运输时，应采取水平放置；在装卸时应采取保护措施；船只启动前，应确认堆垛之间有垫木相隔。

7.4.3 管片拼装前准备工作应符合下列规定：
1 管片吊装前，应检查各起重机、吊具的使用状态；
2 管片下井前，应检查管片下井顺序；
3 管片下井、拼装前，应对管片外观质量进行自检和复检；
4 管片下井前，应按设计要求和工艺要求粘贴传力垫及密封防水材料，拼装前应进行复查；

5 管片拼装机上应设置连锁保护装置；
6 管片拼装前，应清除管片上的浮灰、浮沙；
7 管片拼装前，应检查连接螺栓、螺栓孔、防水密封垫、环面、配件等质量，发现损坏应及时修补或更换；
8 管片拼装前，应确认管片拼装机的动力和液压设备、真空吸盘使用状态与起吊能力；
9 管片拼装前，应确认盾构推进距离满足管片拼装要求。

7.4.4 管片拼装作业应符合下列规定：
1 管片拼装应由经验丰富的专业人员操作；
2 拼装操作应轻举轻放，不得强行插入或上下大幅度调整管片，拼装应进行过程验收；
3 管片拼装时应缓慢调整千斤顶，不得同时收缩管片非拼装位置和拼装位置处的推进油缸；
4 拼装过程中发生管片损坏，应及时修补或调换；
5 管片拼装完成后，应对连接螺栓进行多次复紧，并检查连接螺栓复紧质量。

条文说明

管片拼装后需紧固连接螺栓，特别是底部螺栓应拧紧；在下一环推进中建议进行二次复紧；管片脱离盾尾时建议进行第三次复紧；脱出盾尾三环后建议进行第四次复紧，另外在二次注浆时建议再次复紧螺栓。

7.4.5 管片拼装安全注意事项应符合下列规定：
1 应在拼装区域内设置安全防护设施；
2 应保证管片拼装机作业过程中声光警示信号正常运行；
3 管片拼装时，拼装机作业范围内不得站人和穿行；
4 在拼装平台上不得向下抛掷物品；
5 千斤顶顶推管片时，拼装手不得随意松开或顶推千斤顶，人员不得站在千斤顶的撑靴前；
6 拼装手应在确认拼装作业范围内无障碍、人员处于安全状态后，方可转动拼装机，并与辅助拼装人员保持信息畅通。

7.4.6 管片接缝防水应符合下列规定：
1 应按设计要求选取接缝防水材料，并在施工前进行分批抽检；
2 在管片拼装精度检测和单块管片抗渗检漏合格后，应按设计要求粘贴管片密封，管片拼装前应对管片密封进行检查；
3 管片密封粘贴前，应检查管片的密封沟槽、螺栓孔密封圈凹槽、嵌缝槽；应对密封沟槽内的灰尘、泥沙进行清理；应对管片缺损或较大气孔部位进行修补平整；

4 管片拼装时密封不得脱槽、扭曲和位移，密封损坏时应及时修补或更换，密封脱落时应重新粘贴；

5 注浆孔及螺栓孔处密封圈应定位准确，并应与密封槽相贴合。

7.4.7 盾构隧道防水在无设计要求时应符合现行国家标准《地下工程防水技术规范》（GB 50108）和《地下防水工程质量验收规范》（GB 50208）的有关规定。

7.4.8 管片缺陷处理在无设计要求时应符合现行国家标准《盾构法隧道施工及验收规范》（GB 50446）的有关规定。

7.4.9 盾构隧道质量验收应符合现行国家标准《盾构法隧道施工及验收规范》（GB 50446）和《地下铁道工程施工质量验收标准》（GB/T 50299）的有关规定。

7.5 盾尾密封

7.5.1 盾尾渗漏控制措施应符合下列规定：

1 应控制手涂油脂质量，应保证油脂能充分填涂到盾尾刷的钢丝中，并对盾尾刷进行逐块逐层的检查，确保涂抹均匀；涂抹完成后应尽快进行负环拼装。

2 应控制盾构姿态和管片拼装精度。

3 停机时应监测盾尾密封压力变化，及时补注油脂。

4 应根据推进速度，定时、定位、定量压注盾尾密封油脂，并实时观察各油脂腔内压力变化情况，发现异常应及时处置。

5 应控制同步注浆和二次注浆压力。

7.5.2 盾构刷更换前准备工作应符合下列规定：

1 应结合现场实际情况，编制盾尾刷更换专项施工方案和应急预案。

2 应对作业人员进行书面安全技术交底，特种作业人员应持证上岗。

3 应按方案要求准备齐全更换尾刷所需机具，并进行维护保养；应准备齐全更换尾刷材料，进行现场检查验收。

4 应按方案准备到位应急物资、设备、人员，并进行现场应急演练。

5 注入完成聚氨酯、密封油脂、克泥效，发生效用后，应打开盾尾观察孔球阀，观察渗漏水情况，并保证盾尾油脂腔保压正常，刀盘前端开挖面液位稳定。

6 宜提前拼装几环多孔注浆管片。

7 应确保盾构拼装机、排污系统、应急发电机、注浆系统、推进系统、稳压系统等维修保养到位。

8 管片前端止水工装应准备到位，并确保安装尺寸合适。

9 应检查盾尾油脂管路通畅情况。

7.5.3 盾构刷更换安全技术要求应符合下列规定：
1 应采取24h领导值班作业制度，配备专职安全员全程监督，规范作业。
2 应指派专人从事刨除和安装盾尾刷、观察油脂腔压力变化、手涂油脂等工作。
3 应将盾尾油脂腔内清理干净。
4 各道盾尾刷钢板应朝向同一方向进行搭接，接头处盾尾刷宜用切割机或磨片进行处理。
5 新盾尾刷焊接完成后，应进行验收，合格后方可进行油脂涂抹。
6 在气刨、焊接施工时，应加强对设备的保护，使用石棉布遮盖油缸、控制阀组等部位。
7 高水压环境下更换盾尾刷时，应使用优质油脂充填盾尾油脂腔，形成整环止水屏障；或通过盾尾管片注浆孔注入聚氨酯，阻断盾尾附近水流，提高盾尾防水能力。
8 应根据点位逐块进行管片拆除与盾尾刷更换。

条文说明

在高水压环境下更换盾尾刷，由于地层自稳性差、地下水丰富，在更换盾尾刷时，往往将一道盾尾刷露出，如果剩余三道盾尾刷密封失效，将造成盾尾涌水、涌砂或塌方事故。盾构掘进施工时，地层经扰动后，开挖面很不稳定，此时更换盾尾刷时，推进千斤顶无法全部顶到管片，盾构机将在泥水压力的长时间作用下发生后退，使盾尾与管片之间产生相对位移，导致盾尾漏水，为尾刷更换工作带来风险。

7.6 壁后注浆

7.6.1 注浆前应对注浆管路和设备进行检查。

7.6.2 施工中，宜监控壁后注浆质量，适当调整同步注浆浆液配比，缩短浆液凝结时间，宜通过管片预留注浆孔及时进行二次双液注浆。

7.6.3 施工中，掘进速度应与注浆速度相匹配，应保证均匀、匀速、连续同步注浆。

7.6.4 注浆过程中，应注意冲程数和压力值变化，判断堵管情况；当注浆系统发生故障时，应停止掘进，待排除故障后继续施工。

7.6.5 注浆过程中，当注浆压力不变、注浆量突然增加时，应检查盾尾漏浆或窜浆情况，发现问题应停止注浆，查明原因并及时采取措施。

7.6.6 应设专人巡视检查注浆系统内管路接头漏浆现象及注浆泵运作状况。

7.6.7 注浆泵及高压管路应进行试运转，确认机械设备、阀门管路、压力表运转正常后，方可进行注浆施工。

7.6.8 安装高压管路和泵头各部件时，各丝扣的连接应拧紧。

7.6.9 注浆过程中，现场人员不得在注浆孔附近停留。

7.6.10 注浆时不得随意停水停电，待注浆完成并对设备管路冲洗后方可停水停电。

7.6.11 注浆施工中应配备机电修理工。

7.6.12 注浆作业后应及时清洗注浆设备和管路，排查注浆泵和管路堵塞情况，发现堵塞问题应及时处理。

7.7 泥水循环与处理

7.7.1 掘进前泥水循环系统检查应符合下列规定：
1 分离设备启动前，应设专人管理每台设备，并保证各阀门按要求开闭。
2 泥浆进入分离设备后，应再次检查设备运转状况；发现异常状况，及时打开应急排放阀后，进行设备检修，至符合掘进要求后方可继续施工。

7.7.2 泥浆管道防止堵塞的控制措施应符合下列规定：
1 施工中应控制泥浆密度和黏度，保证浆液的稳定性。
2 在黏性土地层中为防止泥水循环系统排渣不畅，可适当加大气垫舱内格栅栅格尺寸；在排浆泵吸口位置宜增加冲刷系统。
3 泥浆循环系统异常时，应优先循环清理气垫舱底部、排浆口、格栅处滞留异物，再循环清理开挖舱底部异物。
4 应在排泥管口处设置钢格栅，过滤大块岩石、卵石、土块，并采用碎石机粉碎剩余岩土块后，方可通过排泥管排出。
5 隧道内进排泥水管路应每间隔50m～100m安装一个闸阀。

7.7.3 直线管路和管路弯头耐磨措施应符合下列规定：
1 在直线管路中，应控制泥浆流速和泥浆黏度以降低磨损；
2 在直线管路中，根据测量结果必要时可将管道底部与顶部倒转方向使用，通过旋转管路的方式使磨耗严重处旋离磨耗高危区域；

3 对于高磨耗区域，管路弯头和直管宜采用耐磨和加厚材料；
4 应保证管路弯头和法兰焊接处对口平整；
5 根据测量结果，对严重磨损区域应提前进行弧形钢板包焊加固。

条文说明

直线管路处的磨损量底部最大，两侧次之，顶部最小。

7.7.4 泥水处理系统巡查应包括下列内容：
1 分配阀对泥浆分配情况；
2 振动筛出渣情况；
3 渣浆泵运转状况、磨损状况、轴封水、出口压力、橡胶管连接状况及沉砂嘴出浆状况等。

7.8 盾构接收

7.8.1 盾构到达接收段前，应对盾构机位置、洞门的位置与轮廓、盾构隧道轴线进行复核测量。

7.8.2 盾构机进入加固区后，宜逐步降低掘进速度、泥水舱压力，掘进速度宜降至 5mm/min～7mm/min。

7.8.3 当接收加固区采取降水时，应根据降水情况及时调整开挖面泥水压力。

7.8.4 盾构机进入加固区后，应复测洞门轴线与隧道轴线拟合情况，调整盾构掘进姿态。

7.8.5 在满足盾构机接收条件下方可进行洞门破除工作，破除渣土应清理干净，并去除围护墙内暴露的钢筋。

7.8.6 盾构接收时应通过在管片上预埋钢板、焊接连接钢板、复紧连接螺栓等方法对盾尾管片进行加固。

7.8.7 盾构接收时应加强对洞口的观察与地面沉降监测。

7.8.8 盾构干接收时，盾尾脱离洞门密封装置前，应及时进行壁后注浆，并确保临近洞门管片壁后注浆密实；当盾构到达指定拆机位置后，应及时进行洞门密封。

条文说明

盾尾完全脱开洞门密封装置前，对加固区管片需及时进行二次注浆，与加固体连成整体，形成一道止水环，彻底将隧道后部来水封堵住。注浆过程中需密切关注洞门圈密封装置情况，出现漏浆先停止注浆及时进行处理，处理完成后再进行注浆。浆液可采用水泥—水玻璃双液浆。

7.9 同步施工

7.9.1 箱涵下井拼装前，应对箱涵预留孔洞有无杂物、装车方向、装车高度进行检查。

7.9.2 边箱涵施工浇筑混凝土前应对管片表面、接缝和连接螺栓孔杂物进行清理。

7.9.3 箱涵拼装前，应检查箱涵底部管片与接缝渗漏水情况，发现渗漏水点应及时处理。

7.9.4 箱涵拼装破损控制措施应符合下列规定：
1 应提高箱涵预制精度和混凝土浇筑质量。
2 应减少场内倒运次数，倒运时应加强对箱涵的保护；应由专业司索工指挥吊装装车，箱涵吊放到运输车上应采用柔性垫块垫稳、卡实，起吊前应确认箱涵重心点位置后再发出起吊信号。
3 箱涵起吊前，应确认夹具抓举箱涵牢固。
4 箱涵拼装时，宜一次性调整好箱涵位置，避免多次微调；应及时复紧螺栓；出现错台时，应在箱涵底部垫设钢板及时调整箱涵拼装姿态。
5 箱涵拼装完成后，应按设计要求采用混凝土填充箱涵底部空隙。
6 边箱涵采用现浇工艺时，钢筋绑扎前应进行管片螺栓、渗漏、破损情况检查，应利用箱涵上预留接驳器及管片上连接螺栓固定钢筋。

7.9.5 应加强对运输车辆和起重机的维护保养。

8 特殊地段施工

8.1 一般规定

8.1.1 特殊地段施工前，应对邻近建（构）筑物、管线、道路、堤坝等进行调查与评估，制订专项施工方案，并采取保护措施。

8.1.2 特殊地段施工前，应根据设计要求和施工环境调查结果，进行盾构机选型配置。

8.2 浅覆土施工

8.2.1 应控制掘进速度，减少刀盘转向切换次数，合理设定泥水指标，控制开挖量。

8.2.2 应控制注浆量、注浆压力和浆液配比，缩短同步注浆浆液凝结时间，增强注浆控沉效果。

8.2.3 穿越河流、湖泊、海洋等地面水系时宜提高掘进速度，快速稳定通过浅覆土区段。

8.2.4 应加强地面沉降和周边环境监测。

8.2.5 宜采用盾体径向注入克泥效或盾尾管片二次注浆方法控制地面沉降。

8.3 小半径曲线段施工

8.3.1 盾构机在小半径曲线段进行掘进施工宜配置超挖装置。

8.3.2 盾构机进入小半径曲线段前，应根据计算的预偏量，在直线段与小半径曲线段顺接处提前进行姿态调整，使盾构机行走轨迹与设计轴线尽可能保持一致。

8.3.3 施工过程中应采取措施防止后配套车架倾斜或剐蹭管片。

8.3.4 施工过程中应实时观察后配套台车之间泥浆软管拉伸情况。

8.3.5 施工过程中宜减小管片宽度，控制盾尾管片的通缝条数。

8.4 复杂地质段施工

8.4.1 盾构隧道穿越岩溶发育地层施工除应符合现行中国铁建企业技术标准《大直径泥水盾构施工技术指南》（Q/CRCC 33301）的有关规定外，尚应符合下列规定：

1 应对盾构机进行专项设计，适当增大刀盘开口率、配置超前钻探系统、配置可伸缩式主驱动、增强刀盘冲刷系统能力等。
2 根据岩土工程勘察报告，确定溶洞与隧道间的方位关系和范围。
3 条件允许时可采用地面注浆对盾构下方溶洞进行填充处理。
4 在盾构通过岩溶发育区前，宜适当增大盾构机底部千斤顶推力，使盾构姿态上调。
5 应控制好注浆参数，合理选择注浆量和注浆压力。
6 地质钻头掉落卡住盾构机刀盘的预防措施应符合下列规定：

1）在易塌孔、缩径的地层钻孔取芯时，当钻具卡住不严重时，应及时活动钻具，边活动边提拉，不得一次把钻具拉紧，不得无故停泵。
2）钻具卡住后，宜采用吊锤振打方法处理。当吊锤振打无效时，宜采用孔内振动办法处理，或采用千斤顶强行顶拔处理。
3）出现钻杆、套筒折断情况时，应立即停机丈量钻机上剩余钻具的尺寸，并提高钻具试探端头位置，提升钻具检查端头形状，并详细记录钻具折断的位置及埋深；可采用大直径套管深入到钻具折断的位置，迫使钻具折断位置周边土体松动，然后下丝锥打捞折断钻具；或可采取带压进舱作业方式取出折断钻具。

8.4.2 盾构隧道穿越砂卵石地层施工应符合下列规定：

1 应根据砂卵石级配、含泥量、砂卵石地层范围等，对盾构机进行专项设计，合理选用刀具及刀盘开口率，控制排泥量，避免出现超挖。
2 施工中应保持连续掘进，减少停机时间。
3 施工中应实时观测刀盘扭矩、掘进速度、推力、注浆压力等掘进参数的变化，以低刀盘转速、稍高掘进速度平稳掘进，减少对地层的扰动。
4 应加强盾构姿态管理，及时缓慢纠偏，保持盾构沿设计轴线掘进。
5 施工中泥水舱压力宜大于开挖面水土压力。
6 应有计划地进行刀具检查与更换，保证连续掘进施工。
7 当遭遇粒径较大卵石时，可采用带压开舱作业对卵石进行排除。

8.4.3 盾构隧道穿越软硬不均地层施工应符合下列规定：

1 施工前，宜根据岩土工程勘察报告，确定岩面与隧道的方位关系以及范围。

2 盾构机应进行专项设计，应同时满足软硬不均地层、软土地层和硬岩地层的掘进要求，应适当增强刀盘刚度，配置可伸缩式主驱动，配置常压可更换滚刀并增加滚齿互换功能；刀盘、面板、滚刀上应设置磨损与滚刀旋转监测装置，滚刀的破岩应满足一定的贯入度。

3 应加强对刀具磨损情况的检查，提高检查频率。在发现刀具磨耗过量时，应选择合适位置及时更换刀具。

4 应确保盾构推进速度与出渣量相匹配，减少地层中大颗粒渣土在开挖舱中的堆积。

5 应实时观测盾构掘进参数及盾构姿态，发现轴线偏移量超限，应根据偏移方向趋势调整分区千斤顶推力，及时缓慢纠偏，保证隧道轴线偏差处于可控范围内。

6 盾构掘进时应以低转速、低速度、连续平稳推进为原则；推进速度的设定，应根据排渣效率进行调整，发现滞排、积舱、卡泵等现象，应降低推进速度。

7 盾构掘进时应合理控制注浆参数，合理选用注浆量和注浆压力。

8.4.4 盾构隧道穿越孤石群或基岩凸起地层施工应符合下列要求：

1 施工前，宜根据岩土工程勘察报告，确定孤石群与盾构设计线路的方位关系，对盾构施工影响范围内的孤石或凸起基岩进行处理。

2 盾构机专项设计应符合下列规定：

1）应配置常压刀盘，并适当增大刀盘中心区域开口率。

2）应配置可伸缩式大扭矩主驱动。

3）应配置滚刀并增加滚齿互换功能，可用重型扁齿滚刀刀圈来代替普通光面刀圈；对于微风化的花岗岩，滚刀间距宜为6cm～8cm；对于微风化的片麻岩，滚刀间距宜为5cm～9cm。

4）当岩石强度较高时，可减小滚刀间距，或将原有滚刀刀圈改换为双刃重型扁齿滚刀刀圈。

5）刀盘、面板、滚刀上应设置磨损和滚刀旋转监测装置。

6）宜选用大尺寸刮刀和螺栓，并保证螺栓连接牢固。

7）宜采用超硬重型刀具，刀具背面实施硬化堆焊。

8）宜增加刀盘边缘耐磨块和保径刀。

9）宜增加刀盘耐磨系统，特别是在边缘区域。

10）应配置大功率泥浆环流泵，增加泥浆流量。

11）泥浆管宜选择加厚耐磨管，碎石机宜采用高强耐磨管。

12）气垫舱底部格栅应做加强处理且可更换。

13）宜配置超前注浆系统。

3 应加强刀具磨耗监测，当刀具出现过量磨耗、偏磨、磕落等现象时，应及时开舱更换刀具。

4 在遇到较大直径孤石、大规模侵入开挖限界的凸起基岩、孤石与刀盘的接触面较大的工况时，宜提前采取注浆或冷冻措施固定孤石，然后掘进施工。

5 穿越施工前，宜采用地面钻孔或爆破方式对孤石或凸起基岩进行预处理，爆破作业应由具有专业资质的机构完成。

6 当无法采用水面爆破作业时，宜采用冲击钻密集打孔破碎孤石、同时注浆加固的处理方式。

7 当无法采用水面辅助作业时，盾构可直接掘进，并在进入孤石群或基岩凸起区域前，选择稳定地层进行刀具更换；刀具宜选择全盘滚刀且对刀圈强度进行梯度处理或降低刀圈强度使刀圈拥有更强的耐冲击力，并宜对固定刀具的螺栓加注螺栓紧固胶。

8 当遇到大体积孤石、无法正常掘进时，宜带压开舱作业进行处理；带压开舱处理孤石时，宜采用劈裂、破碎、微爆等方式将孤石分割为若干小块，通过人舱运出。

条文说明

滚刀刀间距过大和过小都不利于破岩：刀间距过大，滚刀间会出现岩脊；间距过小，滚刀间会出现小碎块现象，降低破岩功效。

可伸缩主驱动系统能够提高刀盘结构动作的灵活性，整体主驱动结构带动刀盘的伸缩特性，有利于隧道施工中刀具的更换以及刀盘防卡、脱困等，驱动该装置的液压油缸在正常掘进过程可反馈有效的刀盘推力，有利于更好地监测刀盘运行状态，防止出现过大推力对滚刀轴承的破坏，最大程度上减少施工风险。使用可伸缩刀盘的主要效果包含两方面：

（1）刀盘伸缩的驱动由液压系统提供，在液压回路中，伸缩油缸的溢流压力被设定，当盾构遇到硬度较高的岩石时，推力增大，推进速度降低。当推力增加，超出盾构安全载荷时，刀盘伸缩油缸溢流，此时推进油缸压力降低，因此推力不会超出安全载荷，同时在主轴承伸缩面外侧的软垫能够对径向的冲击起到保护作用。根据这种对轴向和径向过载力的保护，能起到对刀盘、刀具和主轴承的保护功能。

（2）刀盘伸缩油缸沿圆周方向均布，油缸的推力和行程能够各自进行控制。当进入软硬不均地层时，刀盘刀具的切削挤压会造成刀盘受力不均，此时该受力不均的情况能够反映到刀盘的伸缩油缸上。由于刀盘推力完全是由油缸来提供的，受力不均时，油缸的推力也有所不同，每组千斤顶可单独工作，使设备更能适应软硬不均地层。

盾构机换刀时，由于刀具已经磨损，导致刀顶端距离刀盘面板的距离缩小，而更换的新刀需要把刀具安装到设计位置方可固定，从而导致更换新刀的安装空间不足。传统的办法是采用松动推进油缸或者人工凿除岩石，而松动推进油缸在上软下硬的地层有可能导致前方掌子面坍塌，人工凿石头作业效率极低。

为减少带压开舱换刀作业次数，将盾构机刀盘设置为可伸缩刀盘，其刀盘距盾体间距可在7cm～43cm。此设计可有效解决更换新刀的安装空间问题，缩短了带压换刀作业时间，使换刀作业更加便捷。在硬岩掘进中刀具磨损进行更换时，新刀比旧刀凸出量大，所以需要在安装刀具的相应位置凿出一个安装坑。由于换刀作业空间狭小，人工凿除非常费力，具备刀盘伸缩功能后，直接将刀盘后退就能进行刀盘正前方的刀具安装。

对于存在的孤石、基岩凸起一般可采用"内部作用药包"进行预处理。即通过前期勘探探明地质情况，确定存在孤石及基岩凸起的地方，再通过地质钻机进行引孔施工至孤石或基岩凸起位置处，利用地质钻机对岩石进行钻孔，然后从地表将炸药安放在岩石位置，利用炸药爆炸产生的能量将岩石破碎。

基岩凸起地层爆破作业除需按现行国家标准《爆破安全规程》（GB 6722）的有关规定执行外，尚需符合下列要求：

（1）需优化施工工序与爆破施工参数设计，确保装药施工质量。
（2）连线完毕后需进行安全检查，确认无误后方可起爆。
（3）爆破施工时需进行覆盖防护，防止碎石（块）飞出及泥浆喷出。
（4）爆破施工时需加强填塞质量，控制单孔耗药量，重型压盖炮孔，人员和车辆撤至安全区域，以防爆破飞石砸伤机械和人员。
（5）爆破施工时需采取预防爆破地震效应措施。
（6）爆破施工时需采取预防空气冲击波和爆破噪声措施。

8.4.5 盾构隧道穿越断层破碎带施工应符合下列规定：

1　对盾构机进行专项设计，增强刀盘刚度和增大开口率，常压换刀增加滚齿互换功能，增加滚刀旋转和磨损检测系统，增加主驱动伸缩功能，增强刀盘冲刷系统能力等。

2　应进行地质补充勘察，确定断层破碎带分布范围及其与隧道的方位关系，必要时进行注浆加固，并保证注浆加固的质量，适当扩大注浆加固范围。

3　盾构掘进过程中，应平稳推进，合理设定开挖面压力，开挖面水压波动范围宜为 −20kPa ~ +20kPa。

4　每掘进一环，应根据气垫舱液位下降速度，对开挖面水压进行动态调整，调整幅度宜小于30cm/h。

5　在断层破碎带影响范围内，当失浆量明显增大时，应下调开挖面压力。

6　盾构掘进过程中，应遵循低转速、低速度、重浆、连续平稳推进的原则，刀盘转速宜为 0.6r/min ~ 0.8r/min，推进速度宜为 8mm/min ~ 15mm/min；应根据排渣效率对推进速度进行调整，发生滞排、积舱现象时，则应降低推进速度。

7　盾构掘进过程中，泥浆应进行专项管理，根据需要调节密度、黏度等参数，泥浆密度宜为 $1.15g/cm^3$ ~ $1.2g/cm^3$，黏度系数宜为 25s 左右，保证泥浆能维持开挖面稳定。

8　盾构掘进过程中，宜适当增加同步注浆量，或及时进行二次双液注浆。

9　盾构掘进过程中，应加强刀具磨损检查，并适当提高检查频率。

8.4.6 盾构隧道穿越有毒、有害气体地段施工应符合下列规定：

1 应对盾构机进行防爆选型和有害气体抽排系统专项设计或改造，对盾构机上的不间断电源、远程遥控装置、电箱及电缆接头、气垫舱及人舱内的所有电气部件等进行防爆设计和改造；在盾构机常压换刀、泥浆管路延伸、盾尾等局部易集聚有害气体处增设强力气动风机强化通风。

2 盾构机应配置有害气体安全监控系统，在有害气体易集聚部位应配置有害气体监测仪，当有害气体浓度超标时，可分别进行报警、断电、复电处置。

3 宜采取在开挖面前方钻孔或地表设置排气孔等措施，对有害气体进行提前抽排。

4 可在刀盘周边土层中提前形成渗透带，将有害气体排向远离盾构机处。

5 掘进过程中，保持泥浆持续向地层渗透，在泥膜"边生成、边切削破坏"的过程中，始终使泥膜维持一定厚度，即泥膜生成速度要略大于掘进开挖速度。

6 掘进过程中，应确保盾尾密封处于良好状态。

7 掘进过程中，应加强通风；当通风措施无法达到作业环境标准时，应采用集中抽取净化、化学吸收等措施降低有害气体浓度。

8 宜采用克泥效工法，将隧道管片外弧面与周边有害气体进行隔离。

9 对盾构施工车辆进行相应改造，宜在车身安装有害气体探测器，对有害气体进行实时监测。

8.4.7 盾构隧道穿越河流、湖泊等水体施工应符合下列规定：

1 施工前，应对盾构机耐压能力进行专项设计，确保盾构密封的有效性，能够承受最大水土压力，并且具有一定安全余量。

2 施工前，宜对隧道沿线水文地质进行探测，复核隧道覆土层厚度和水面高程。

3 施工前，应编制刀具更换专项施工方案与应急预案，刀具宜选用耐磨材料。

4 掘进过程中，合理控制与调整泥水压力、泥水指标、泥水配比等。

5 控制注浆参数，合理选择注浆压力和注浆量。

6 控制掘进参数，刀盘转速宜为0.8r/min～1.0r/min，掘进速度宜为30mm/min～37mm/min，并严格控制进出浆流量。

7 应对盾构机设备进行维护保养，对易耗配件应准备足够备件。

8.5 复杂环境段施工

8.5.1 盾构隧道穿越地下障碍物施工应符合下列规定：

1 施工前，应查明地下障碍物具体位置和实物，制订处理方案。

2 施工前，宜选择合适的辅助工法从地面拆除地下障碍物，障碍物拆除后应进行回填处理。

3 可选择带压开舱作业与地层加固相结合的方法，在开挖面进行障碍物的切断、破碎、拆除及运出作业。

8.5.2 盾构隧道穿越堤坝施工应符合下列规定：
1 盾构隧道下穿堤坝时，泥水压力的设定应考虑堤坝的超载作用。
2 盾构隧道斜穿堤坝时，应根据实际偏压情况，合理调整千斤顶推力。
3 应加强堤坝顶部地面沉降监测，并结合地面沉降监测数据，合理设定掘进速度和注浆参数。
4 盾构隧道下穿堤坝时，宜通过盾体径向孔适当注入克泥效。
5 当地下水丰富时，宜通过管片预留注浆孔向管片背后注入双液浆。
6 应合理安排施工计划，避开汛期穿堤施工。

条文说明

盾构机刀盘距离堤脚 1 倍~2 倍隧道外径时，需逐步缓慢提升泥水压力；当刀盘到达堤坝顶部下方位置时，泥水压力宜达到最大值；盾构机刀盘通过堤坝顶部后，需逐步缓慢降低泥水压力。

8.5.3 盾构隧道穿越建（构）筑物和既有隧道施工应符合下列规定：
1 穿越施工前，应对建（构）筑物和隧道的使用功能、结构形式、外形尺寸与内部构造、基础类型、现存状态、使用历史、与拟建隧道的方位关系进行调查；必要时宜对建（构）筑物现状进行影像留存和公证。
2 穿越施工前，宜委托第三方进行施工安全风险评估，并结合施工环境调查结果，应提前采取注浆加固、房屋结构加固、设置隔离桩等保护措施。
3 施工前和施工过程中，应加强地面沉降和建（构）筑物沉降监测和巡查，发现问题应及时上报；应根据监测数据与巡查结果，合理调整施工参数。

9 特殊作业

9.1 一般规定

9.1.1 盾构隧道工程施工应根据盾构机性能状态及隧道沿线地质条件，确定盾构机停止掘进并进行检修作业的地点，应选围岩较为稳定或经过加固处理的地段进行开舱作业。

9.1.2 开舱前应编制专项施工方案、应急预案和作业指导书，在作业指导书中应对作业要求、安全隐患和注意事项进行说明，并对人员进行安全教育培训与安全技术交底。

9.1.3 开舱作业前宜进行盾尾二次双液注浆或盾体四周注聚氨酯。

9.1.4 开舱前应在醒目部位设置各警示标识与阀门开闭标识。

9.1.5 开舱前人闸附近区域应设警戒线，无关人员不得进入警戒区域。

9.1.6 开舱前应检测有害气体浓度，在作业过程中应实时检测并记录；加强舱内通风、空气置换，改善舱内空气质量；舱内气体条件要求应符合表9.1.6的规定。

表9.1.6 舱内气体条件要求

序 号	气 体	含量（%，按体积计）
1	一氧化碳	≤0.0024
2	二氧化碳	≤0.5
3	甲烷	≤1
4	硫化氢	≤0.00066
5	氧气	19~22

9.1.7 开舱前应组织人员进行应急演练，且现场应准备防毒面具等应急物资。

9.1.8 人员进舱前应对人员健康状况和所携带物品进行检查与记录，不得携带违禁物品；检查内容宜按附录 A 的规定进行。

条文说明

  违禁物品包括碳氢化合物、矿物油、火柴、打火机、香烟；未经许可的燃料设备或气瓶；非水基黏合剂；气雾剂（气溶胶）；有机溶剂；被认为不稳定或在空气中有毒有害的任何物品；非阻燃织物；粉末或膨化食品；水银温度计；化妆品、化纤衣服和易产生静电的物品等。

9.1.9 开舱前应根据盾构掘进参数判断开舱的必要性，并组织相关部门进行现场条件验收，验收应包括下列内容：
1 专项施工方案编制、审批和专家论证情况。
2 作业队伍资质和人员资格审查情况。
3 作业施工安全教育培训与安全技术交底情况。
4 安全技术措施落实情况。
5 专项工作组织结构落实情况。
6 周边环境核查和保护措施落实情况。
7 施工机械、机具、材料、备用设备准备情况。
8 项目管理人员、技术人员和劳动力组织与职责划分情况。
9 应急预案编制审批和救援物资储备情况。
10 保压试验情况。
11 应急气源、应急用电情况。
12 人舱内通信、消防、照明、保压等设备。

9.1.10 开舱后应设专职观察员观察掌子面稳定和透水情况，经判断稳定后，方可开舱作业；当发现有掉块或漏水情况，人员应立即撤离至人舱，并立即关闭舱门。

9.1.11 开舱后设专人对盾构机各设备与系统进行安全检查，检查应包括下列内容：
1 隧道内的通风设施，盾构机配备的风、水、电系统，通信系统，洞内运输系统，各种防护设施和设备等。
2 视频监控系统、开挖舱内各种压力传感器、气体检测仪器。
3 应急备用电源、应急医疗设备、应急照明、应急通信、排水、消防设备。

9.1.12 开舱作业时，应做好地面沉降、开挖面稳定性、开挖舱内液位及盾构姿态的监测与反馈。

9.1.13 开舱作业时，舱外人员不得进行转动刀盘、出渣、泥水循环等危及舱内作业人员安全的操作。

9.1.14 开舱作业时，舱内应设置临时的上下通道，并应保证进入开挖舱内的通道畅通。

9.1.15 开舱作业时，作业人员应佩戴防护用品，并按安全操作规程使用各种工具。

9.1.16 开舱作业时，舱内用电应使用24V安全电压，舱内宜使用气动或液动机具。

9.1.17 作业完成撤离开挖舱前，应确认工具全部带出。

9.1.18 盾构调头或过站施工应根据工作井尺寸及盾构机的直径、重量及移动距离等，编制专项施工方案和设备使用方案，检查所需工机具，确保设备齐全，并处于安全使用状态。

9.2 常压开舱作业、常压换刀

9.2.1 开舱前应进行降压试验。

9.2.2 开舱前应缓慢降低舱内压力，并观察液位上涨情况，上涨较快时应及时恢复压力。

9.2.3 常压开舱作业应符合下列规定：
1 应对地面进行监测与巡查，并设立警戒线，无关人员不得长时间在开挖面上方地面停留。
2 应加强用电管理，不得盲目启动电源。
3 不得在舱内吸烟或进行明火作业，必须进行明火作业时应进行区域气体检测，应由经过专业培训的人员配备专用设备，经过审批后方可进行。
4 刀具、刀盘检查人员应系上安全带。
5 转动刀盘时，人员和机具等应撤离开挖舱。
6 刀具更换过程中应保证持续通风，并对甲烷等气体浓度进行监测，发现气体浓度超标，人员应立即撤出工作面，并切断电源。
7 因瓦斯浓度超过规定而切断电源的电气设备，应在甲烷浓度降到1%以下后方可重新启动。
8 应选用防爆照明灯具，不得使用绝缘不良的电线或裸体线输电。
9 操作平台和换刀所用葫芦应固定牢固，舱门应保持畅通，工作面附近应配备灭火器。
10 作业面或作业通道应及时清洗。

9.2.4 刀具、刀盘检查应包括下列内容：

1 滚刀的磨损量和偏磨量，滚刀刀圈的脱落、裂纹、松动、移位等，刀具螺栓的松动和螺栓保护帽的缺损情况，刀箱的磨损情况。

2 刮刀的合金齿和耐磨层的缺损和磨损以及刀座的变形情况。

3 刀盘牛腿、主动搅拌棒磨损及焊缝开裂情况。

4 糊舱及刀盘结泥饼的情况。

9.2.5 常压换刀作业应符合下列规定：

1 应对检查与更换刀具作业风险进行辨识与评估分析，并采取应对措施。

2 换刀作业应制订专项方案，由专业维修人员进行，并确保作业安全。

3 换刀作业应根据换刀图纸和方案选用专用工装和工具进行，避免错装、漏装造成风险。

4 应确保操作平台和换刀所用设备固定牢固。

5 若在较差地层换刀，应对地层采取预加固措施。

6 人闸副舱全过程应保持常压状态。

7 吊运刀具前应检查吊点、吊具、吊索。

9.2.6 刀具更换完成后，应由工程师进行检查验收，合格后，应设专人对人闸进行清洁，盘点气管与水管，并确保所有人员、所用工器具及材料全部出舱，并由工程师签字认可。

9.3 带压开舱作业

9.3.1 带压开舱前应编制专项方案并审批，如有动火作业应在方案中体现，多次开舱应编制当前进舱位置的补充方案。

9.3.2 专项方案编制前，应对开舱作业位置的地质和环境风险进行辨识与评估分析，并根据评估结果，结合盾构施工实际工况，选择泥膜护壁、地层加固、降水等辅助措施，确保保压合格及开挖面稳定。

9.3.3 带压开舱前人员管理应符合下列规定：

1 现场管理人员应熟悉带压作业流程、技术规程，能应对现场突发情况。

2 应根据作业指导书对带压作业主管、操舱员、进舱作业人员、医护人员、潜水员等进行安全教育培训和安全技术交底，并加强岗位培训与操作规程培训。

3 作业队伍和人员应报审和备案，作业人员应经过专业培训并持证上岗。

4 进舱人员应进行健康体检，感冒、饮酒、鼻塞人员不得进舱。

5 3bar以上高压进舱时，应对人员进行氮敏感和氧敏感检测。

6 作业人员进入人闸前，应由带压作业主管或机长按规定进行检查，方可进舱作业。

7 应限定进舱人员数量。

条文说明

劳务公司需具有营业执照、开户许可证、机构信用代码证、安全生产许可证、建筑业企业资质证书。劳务公司派遣人员需经正规潜水培训机构培训，并取得带压作业人员培训合格证，操舱员需具备国家有效机构颁发的操舱资格证书。带压作业环境下如需动火作业，作业人员需同时具备带压作业人员培训合格证和动火作业培训合格证。

带压作业需配置带压作业主管1名，负责总体管理；操舱员1名～2名，进行人闸压力操作；医护人员1名，负责身体健康检查与应急医疗求援；备用潜水员2名～3名，负责紧急救援，辅助操舱员完成气压检修及物资材料递送，辅助供给医用氧气；2人及2人以上人员作业时，其中1名为专职观察员。

带压作业人员最近一年内建议到正规医院进行体检，体检项目包括常规检查（内、外、五官科等）、血常规（五分类）、心电图、数字X线摄影（Digital Radiography，DR）胸片、尿液分析、肝功能[谷草转氨酶（AST）/谷丙转氨酶（ALT）]、肝胆脾彩色B超、双肩双膝拍片等。

9.3.4 带压开舱前设备管理应符合下列规定：

1 应在人闸外、人闸主舱和副舱内分别设置电话，并配备便携式对讲设备。
2 气压3bar以上应配备专用吸氧装置。
3 应采用双路供气系统，并做好常备切换。
4 应配置应急发电机，保障停电时盾构机的空压机、照明系统正常运转。
5 舱内应配置消防水管、人闸内自动喷淋与手动喷淋装置，消防喷淋装置应采用舱内外双路控制。
6 盾构机稳压系统宜加装气体流量装置。

9.3.5 带压开舱作业前准备工作应符合下列规定：

1 应对开挖舱内通风效果与气体进行测试，合格后方可进舱。
2 开舱前，应进行20min～30min气体置换，宜在舱壁的隔板上开孔或通过顶部建舱平衡管排气，并采用手持式检测仪对气体持续检测，合格后方可批准进舱作业。
3 应进行开挖舱保压试验，供气量小于供气能力的10%，且开挖舱气压能在2h内不变化或不发生大的波动，表明保压试验合格，方可进舱。
4 应对人闸和材料闸进行清洁、检修、性能测试与调试，人闸应保证满足气密性、安全用氧及防火的技术要求。
5 应对空气压缩机、油水分离器、可呼吸过滤器、干燥过滤器、管路、储气罐、控制阀门、压力显示系统进行检修和清洁，并更换过滤器滤芯。

6 作业前安全检查内容除应符合本规程第9.1.11条的规定外，尚应包括人闸系统、气压调节与保压系统、应急备用电源、应急保压气源设备、医疗舱。

7 盾构施工突发异常情况并被迫计划外停机检修时，在无法选择有利地层停机检修的情况下，开舱前应对开挖面、盾尾周边、盾尾进行气密性加固，并在开舱作业过程中定期对泥膜进行维护，延长密封时效。

8 医疗救援设施与设备应按应急预案检查落实到位。

9 应配备水桶、纯棉毛巾、防毒面具、应急写字板、防火毯等应急物资，并进行应急演练。

条文说明

人舱和物料舱的设施、设备与系统主要检修项目包括各种压力表（压力表需处于有效校验期内），温度、湿度显示仪表，有纸记录仪，舱内时钟，空气加压和减压控制阀门，空气流量计，消音器，照明与电加热系统，有线电话通信装置，有机玻璃印纹或伤痕，舱门，消防喷淋装置，人闸内摄像头，盾构机空压机和备用空压机，以及应急发电机等；人舱和物料舱的设备与系统性能测试项目包括舱门闭合性、加压和减压控制速率、保压试验、有纸记录仪打印效果、供排氧系统性能（如采取吸氧减压法）、消防喷淋装置的喷水效果、通风设施效果、备用空压机连接效果、应急发动机启动效果等。

保持开挖舱气密性良好是实施带压开舱作业的前提条件。带压开舱作业前气密性加固措施包括下列内容：

（1）开挖面气密性加固措施。预先配置优质膨润土泥浆（黏度在80s以上），通过开挖舱隔板注入孔或预留孔向开挖舱内注入优质膨润土泥浆。向开挖舱内加气压并出渣（排浆），进行开挖舱内泥浆置换。进行泥浆置换时应低速转动刀盘，以利于开挖面形成泥膜。对于高渗透性地层，为提高开挖面泥膜的气密性，可在置换膨润土泥浆中加入锯末或稻谷壳等填充物。

（2）盾尾气密性加固措施。①通过注脂泵适当加大盾尾和管片间密封油脂的注入量，进一步密封盾尾和管片间的间隙；②到达计划盾构停机位置前应提前3环~5环，保持隧道掘进轴线，减少姿态纠偏，防止因盾构姿态变化过大，导致盾尾建筑间隙增大，迫使盾尾注浆增大、注脂密封困难；③适当加大同步注浆量，使注浆饱满，并能填充超挖间隙；④管片背后二次注浆宜采用双液浆，且至少封堵盾尾后2环~5环管片；⑤盾体径向注浆宜采用聚氨酯等化学浆液，在盾壳外周形成封闭止水带。

9.3.6 加压作业应符合下列规定：

1 采用吸氧减压方案时，进舱人员数量宜低于吸氧装置数量。

2 当涉及带压作业人员安全时，不得进行单独人员加压。

3 压力达到工作压力后，操舱员应保证舱内持续通入空气，以确保气体中各种成分的含量不超过标准要求，并降低工作区的温度和湿度。

4 盾构机未设置材料闸，加压后设备或材料通过人闸递送时，不得阻碍人闸内人员的视线；当设备或材料可能危及人身安全时，不得加压；加压作业时物资、材料、工具不得跨门放置。

5 当操舱员发现加压异常或气压作业人员报告异常情况时，应立即暂停或取消加压，待问题排除后方可重新加压。

6 应合理控制加压速度，并保持人闸与操舱员之间的通信通畅。

7 打开舱门前先打开平衡阀，使两舱压力平衡。

8 打开开挖舱门时应先拆除2个舱门螺栓，安装2个长螺杆，随后拆除其他螺杆，通过加长螺栓控制舱门的开启度。

9.3.7 带压开舱作业除应符合现行行业标准《盾构法开仓及气压作业技术规范》（CJJ 217）的有关规定外，尚应符合下列规定：

1 应加强作业的组织和管理，落实领导带班制度，设专职带压作业主管对现场进舱作业进行检查与监督。

2 舱内应每隔20min记录一次各类气体含量，发现异常应立即停止作业，人员撤离，进行通风，并持续检测直到指标正常。

3 舱内应采用气动机具，气管应由人闸专门接口接入开挖舱；必须使用电动工具作业时，应使用安全防爆型电器设备，输入电路应使用有防护的密闭电缆，并由独立管道接入，应限制入舱电缆的长度。

4 不得在舱内存放可燃气体和氧气瓶，不得擅自拆卸人闸的电气设施，不得盲目启动电源，不得在隧道内吸烟或进行明火作业，不得随意丢弃带入舱内的物品。

5 人闸内如发现起火异象，应立即启动消防喷淋装置。

6 舱内应设专人观察泥浆液面及开挖面的情况。

7 舱内除焊接、气刨作业外，高气压环境不得使用大于24V电源或电器。

8 焊接、气刨作业使用的焊把线、焊把、搭铁线等安全性能应优良可靠，焊机应放在舱外，并选用直流焊机，焊机使用应有控制电源。

9 搭铁线与焊接位置应在同一构件上，距离不宜过远。

10 舱内应采用防爆灯具。

11 不得桥接、屏蔽盾构安全互锁装置。

12 吸氧减压所使用的氧气，不得泄漏舱内。

13 舱外应配备专人维护设备运转，对空压机进行保养，确保设备正常和供气质量。

14 舱外应设专人关注人员工作状态和舱内工器具的使用状况。

15 电焊手套、焊接服装应保持干燥。

16 作业人员与人闸看护人员应保持通信畅通，一旦发现异常，应立即通知舱外人员切断焊机电源。

17 人员和机具等撤离开挖舱并关闭舱门后，方可由盾构机长操作转动刀盘，刀盘转动后应立即锁定刀盘。

18 为防止人员气压性损伤，应适当控制加压速度，保持人闸与操舱员之间的通信通畅。此外，人员应预防感冒。

9.3.8 减压与出舱应符合下列规定：
1 减压前应检查人闸及其附属系统，确认各闸室已保持隔离。
2 减压过程应做好记录。
3 应按现行国家标准《空气潜水减压技术要求》（GB/T 12521）确定减压时间，减压过程应由操舱员控制，操舱员应按减压程序操作，并记录减压时间，不得减少减压时间与跳期减压。
4 减压过程中应保证舱内通风量。
5 受污染的衣物、设备、清洁用品或其他有害物品，不得进入人闸或通过人闸传送。
6 人闸内减压人员未经操舱员允许，非紧急情况不得对内部阀件进行调整。
7 减压过程或吸氧减压出现中断状况，应及时记录，重新调整方案后方可继续作业。
8 人舱内已设置固定式空气检测装置的，应能实现实时检测与报警功能，人舱减压过程中操舱员应每隔20min记录一次各类气体含量。
9 为了防止减压病，应控制带压作业强度和时间，人员作业过程中应多饮水，减压过程中应按规定吸氧，减压后应按规定执行6h紧密医学观察，应配置减压治疗舱。
10 应避免人员单独减压。
11 当减压人员发生疑似气压创伤而中断减压，在时间允许的情况下应立即与现场潜水医师联系，在潜水医师指导下处理。

条文说明
减压出舱操作程序可按现行中国铁建企业技术标准《大直径泥水盾构施工技术指南》（Q/CRCC 33301）的有关规定执行。

9.4 盾构调头或过站

9.4.1 盾构调头或过站前应对各类机具设备性能进行逐级检查验收，对其安全系数及盾构顶推掘进过程中的稳定性等进行复核；应对接收托架的稳固性进行受力计算。

9.4.2 盾构过站或调头时应确保过站、调头的托架或小车有足够的强度和刚度。

9.4.3 作业时应设专人指挥和观察盾构转向或移动状态，应控制好盾构调头速度，并随时观察托架或小车是否有变形、焊缝开裂等情况。

9.4.4 在举升盾构机前,应保证液压千斤顶可靠,千斤顶举升应保持平稳同步。

9.4.5 牵引平移盾构应缓慢平稳,工作范围内人员不得进入,钢丝绳应安全可靠。

9.4.6 盾构调头或过站采用吊装作业时,应符合本规程第 6.2.1 条、第 6.2.6 条的规定。

10 施工监测与环境保护

10.1 一般规定

10.1.1 盾构隧道工程施工应根据设计要求，并结合施工风险源或风险因素特点和风险等级，明确监测与监控的原则和重点，实时对施工现场和周边环境进行跟踪监测和巡查，并及时反馈监测数据、照片或影像信息，预测工程结构和周边环境的安全状态及其发展趋势，为施工提供依据。

10.1.2 环境保护应贯穿盾构隧道工程施工全过程，秉承"预防为主、自查自纠、随查及改、综合治理"的原则，进行环境保护工作。

10.2 施工监测

10.2.1 盾构隧道工程施工前应根据设计和岩土工程勘察的要求，结合施工条件、周边环境的特点，并在风险辨识与评估分析基础上，编制施工监测方案和应急预案。

10.2.2 在复杂地质段施工时，宜在盾构机上加装超前地质预报系统，并结合水文与工程地质条件、风险源或风险因素的特点，编制专项施工方案和应急预案。

10.2.3 施工监测的基本原则应符合现行国家标准《城市轨道交通工程监测技术规范》（GB 50911）的有关规定。

10.2.4 盾构隧道工程影响分区、监测范围、监测等级划分宜符合现行国家标准《城市轨道交通工程监测技术规范》（GB 50911）的有关规定。

10.2.5 当工程遇到下列情况时，宜编制专项监测方案：
1 穿越地下障碍物、建筑（构）物、重要管线、隧道、铁路、机场跑道等。
2 穿越河流、湖泊、海洋等。
3 穿越岩溶发育地层，断层破碎带，地裂缝，孤石群，基岩凸起地层，有毒、有害气体赋存地段等不良地质环境。
4 穿越水源地、地下水环境敏感区域和文物保护建筑。

5 采用新工艺、新工法或有其他特殊要求。

10.2.6 盾构隧道工程影响分区的界线划分应根据设计要求，并结合水文地质与工程地质条件、周边环境条件、施工特点和工程经验进行调整。当遇到下列情况时，应调整工程影响范围：

1 在高压缩性、高透水性地层施工。
2 在岩溶发育地层，断层破碎带，地裂缝，孤石群，基岩凸起地层，有毒、有害气体赋存地段等不良地质环境施工。
3 开舱作业，开舱爆破作业监测范围宜结合实际工况根据爆破试验确定。
4 盾构始发与接收。
5 施工期间出现开挖面和隧道内严重渗漏水、涌水或涌砂，建（构）筑物和地面变形过大等异常情况。

10.2.7 工程监测项目、监测点布设原则与方法、监测频率和现场巡查应根据监测对象的特点、工程监测等级、工程影响分区、设计及施工的要求合理确定，并应反映监测对象安全状态及演化规律。

10.2.8 施工中监测项目及要求、监测点布设原则与方法、监测频率宜符合现行国家标准《城市轨道交通工程监测技术规范》（GB 50911）和现行中国铁建企业技术标准《大直径泥水盾构施工技术指南》（Q/CRCC 33301）的有关规定。

10.2.9 当遇到下列情况时，应提高监测频率：

1 监测数据异常、变化速率较大、累计量超标。
2 偶遇不良地质引起工程风险增加。
3 周边环境发生大变形、破坏，或产生重大变化。
4 盾构始发、接收、停机检修或开舱作业。
5 施工工况异常。
6 险情期间或险情结束后重新施工。

10.2.10 施工监测现场巡查内容宜符合表10.2.10的规定。

表10.2.10 施工监测现场巡查表

分类		巡查内容
隧道本体	施工工况	盾构始发和接收施工、盾构掘进施工、开舱作业、盾构机吊装作业等工况
	结构状态	管片与箱涵破损、开裂、错台情况，管片、管片接缝、螺栓孔渗漏水情况
工作井基坑		内支撑施工、围护结构施工、开挖施工与降水施工等工况，围护结构开裂、渗漏水与管涌情况，坑底突涌情况

表 10.2.10（续）

分 类	巡 查 内 容
周边环境	建（构）筑物墙体、门窗，桥梁墩台和桥面，隧道管片等开裂情况
	隧道渗漏水、涌水和涌砂情况、地下管线渗漏水和漏气情况
	道路路面、地表面、堤坝地表面出现裂缝、沉陷、隆起、冒水、冒沙、冒浆等情况
	河流、湖泊的水位变化情况，水面有无出现漩涡、气泡等情况
	影响隧道施工的近接工程施工工况
监测点	基准点、监测点和监测元件的使用状况和保护情况

10.2.11 盾构隧道工程应根据设计和岩土工程勘察的要求，结合周边环境特点和施工经验，确定监测预报警等级和预报警标准，当监测数据达到预报警标准时，应启动预报警流程。

10.2.12 监测项目宜按"分区、分级、分阶段"的原则，确定监控量测的控制标准。

条文说明

工程监测预报警值是监测工作实施前为确保监测对象安全而设定的各监测指标的预估安全值。盾构隧道工程监测预报警值建议以监测项目的累计变化量和变化速率两个指标进行控制。施工中宜按黄色、橙色和红色三级预报警进行反馈和控制。监测预报警分级宜按表 10-1 的规定确定。

表 10-1 监测预报警分级

预报警级别	预警状态描述
黄色预警	累计变化量和变化速率均超过监控量测控制值的 70%，或其中一个指标超过监控量测控制值的 85%，而另一指标未达到该值
橙色预警	累计变化量和变化速率均超过监控量测控制值的 85%，或累计变化量和变化速率之一超过监控量测控制值
红色报警	累计变化量和变化速率均超过监控量测控制值，或变化速率呈现急剧增长，或出现突发性险情或事故

10.2.13 当监测数据超过预警值时，监测部门应在报表中醒目提示，予以提醒警示，并应立即向施工主管、监理和建设单位报告，获得确认后应立即提交预警报告。

条文说明

盾构隧道内现场巡视预报警标准可按表 10-2 的规定确定。

表 10-2 盾构隧道内现场巡视预报警标准

巡视内容	巡视状况描述	安全状态评价		
		黄色预警	橙色预警	红色报警
铰结密封情况	渗水~滴水	★		
	滴水（水质混沌，含沙或泥）~小股流水、流沙（泥）		★	
	大量漏水、涌砂或涌泥			★
管片破损情况	管片表面出现较浅裂纹，仅伤及管片部分保护层，对隧道安全影响可忽略，简单处理即可	★		
	管片出现较深或较宽裂缝，已贯穿保护层；管片出现少量掉块、内部钢筋裸露；对隧道安全影响不可忽略，需立即修复		★	
	管片出现贯通裂缝或大面积掉块，已危及隧道安全，需立即抢修			★
管片错台情况	5mm~10mm	★		
	10mm~15mm		★	
	>15mm			★
管片间渗漏水、砂、泥等情况	渗水~滴水	★		
	滴水（水质混沌，含沙或泥）~小股流水、流沙（泥）		★	
	大量涌水、涌泥或涌砂			★
盾尾漏浆情况	一般流浆	★		
	浆液喷出（喷出长度<0.5m）		★	
	浆液剧烈喷出（喷出长度>0.5m）			★

10.2.14 预警状态下的监测与信息反馈应符合下列规定：

1 当确认为预警状态时，应立即上报警情。

2 应对监测数据超过报警值的区域、现场巡查发现异常的区域持续加密监测与现场巡查，并将监测数据与巡查结果，形成书面报告上报施工、监理与业主单位。

3 施工现场险情发生时，应立即启动应急监测预案，并按应急小组的要求对险情发生区域持续加密监测与现场巡查；应急抢险过程中，保持与应急小组的联络。

4 险情结束后，应根据监测数据与现场巡查结果，在确定工程处于安全状态后，按照预报警制度的相关规定进行消警。

条文说明

预警状态下监测信息的报送内容包括警情发生时间和地点、警情发生时的施工工况、警情初步原因分析、警情变化趋势、警情处理建议等。

10.2.15 应急抢险时应在保证监测人员安全的前提下，根据险情现状，在原有监测点之外，增加监测点和监测项目，提高监测频率，并可采用远程自动化监测。

10.2.16 施工监测安全管理应包括下列内容：
1　应加强现场监测管理，制定监测管理制度，并对监测人员进行安全教育培训和安全技术交底。
2　监测人员应持证上岗，并遵循"带全、做好、留心、站稳"的原则进行监测。
3　建（构）物、堤坝、道路、桥梁、隧道、管线、机场跑道、铁路等布设监测点前，应事先与相关管理部门和业主沟通，征得同意后方可进行布点。
4　在市政道路上监测或夜间监测时，作业人员应佩带反光背心，并遵守交通规则，监测仪器设备附近应设置安全警示标志，并用红色信号灯指挥。
5　监测人员应远离施工机械设备操作影响区进行监测，当车辆行驶通过时，监测人员应确保自身、仪器和设备的安全，待车辆行驶通过后，方可恢复测量。
6　工程监测作业台架、高空升降车、升降梯、爬梯等应安设牢固，高处作业操作人员应系安全带。
7　没有安全防护措施的情况下，监测人员不得在混凝土支撑上、始发和接收工作井边缘位置进行监测。
8　吊装物下方不得进行监测作业。

10.3　环境保护

10.3.1　施工单位在签订承发包合同时，应明确各方的环境保护责任，应配发环保专项资金和设备，设置专职环保人员。

条文说明

专职环保人员根据国家有关法律及所在地环保管理规定，负责制定环保方案、环保管理制度、环保实施细则及环保措施，负责监督各部门落实各项环保措施，负责环保设施购置、归档、检查、维护工作，负责环保宣传、教育、检查和治理工作，负责对作业人员进行环保技术交底，负责信访以及环保竣工验收工作。环保方案需进行专家论证，并报监理和业主备案。

10.3.2　施工现场应设置环境防治监督牌。监督牌注明项目名称、建设单位、施工单位、项目工期、环保措施、现场监督员姓名和联系电话、举报电话等内容。

10.3.3　隧道内施工安全与环境保护措施、施工期间扬尘控制应符合现行中国铁建企业技术标准《大直径泥水盾构施工技术指南》（Q/CRCC 33301）的有关规定。

10.3.4 施工期间噪声和振动影响控制除应符合现行国家标准《建筑施工场界环境噪声排放标准》（GB 12523）和《城市区域环境振动标准》（GB 10070）和现行中国铁建企业技术标准《大直径泥水盾构施工技术指南》（Q/CRCC 33301）的有关规定外，尚应符合下列规定：

1 当施工振动可能导致建（构）筑物、桥梁、隧道等结构破损时，应在施工前调查和观测建（构）筑物、桥梁、隧道结构的破损情况，并形成调查报告，上报有关部门或居民，并在调查报告上签字确认，针对调查情况必要时采取加固措施。

2 施工中应选择噪声和振动影响小的施工方法或施工机械，必要时对施工机械进行降噪处理。

3 开舱孤石爆破时应控制起爆药量，并采用延时爆破技术，合理设计起爆顺序，减小爆破震动。

条文说明

开舱孤石爆破时应控制一段起爆的最大药量，根据不同距离，应控制起爆药量。宜采用毫秒延时爆破技术，设计合理的起爆顺序。各段之间的时间间隔控制在50ms～100ms，把所有装药同时爆炸产生的大震源分成数个毫秒延时起爆的小震源，以此大大削弱爆破震动强度，既达到减震目的。

10.3.5 施工期间城市生态保护除符合现行中国铁建企业技术标准《大直径泥水盾构施工技术指南》（Q/CRCC 33301）的有关规定外，尚应符合下列规定：

1 宜选择封闭式施工方法，采用全封闭式围护棚时，应将施工方案上报建设单位审批，通过后方可实施。

2 应对文物或文物保护建筑加强保护，发现地下文物，应保护现场，及时上报。

3 施工前应对施工影响范围内道路和管线进行调查，提前协同有关部门确定拆迁、改移方案，上报获批后按相关法律与规定进行施工。并提前完成应急准备工作，确保管线拆迁、改移施工不影响周边环境。

4 在施工现场场界处设实体围挡，不得在围挡外堆放物料、废料、废渣等。

10.3.6 施工期间废水处理除符合现行中国铁建企业技术标准《大直径泥水盾构施工技术指南》（Q/CRCC 33301）的有关规定外，尚符合下列规定：

1 废水排入城市下水道和自然水体，悬浮物浓度应符合现行国家标准《污水综合排放标准》（GB 8978）的有关规定。

2 施工前应构建完成施工现场排水和废水处理设施，应确保施工现场无积水、排水不外溢、排水设施不堵塞。

3 施工现场对含有化学污染物的废水、废液，应采用密闭容器收集处理。

10.3.7 施工期间固体废弃渣土和废弃浆液处理应符合下列规定：

1 施工前应编制废弃泥浆固化方案和废弃渣土的处置方案，应配置废弃浆液处理设备和设施，处理后的废弃渣土应在场区晾晒后，按照施工所在地法规要求选择有资质的运输单位，及时清运废弃泥浆和废弃渣土。

2 废弃泥浆外排应在循环泥浆指标劣化时开始，并根据密度、黏度等计算需外排的废弃泥浆量，弃浆完成后再进行调浆。

3 泥浆固化产生的滤液中若含有化学药剂，排放之前应进行处理，符合排放标准后，方可排放。

4 回填土堆放场的泥浆水产生处应设沉淀池，沉淀池的大小应根据排水量和沉淀时间确定。

5 应根据水文与工程地质条件，综合考虑废弃泥浆再利用的可行性；根据胶体含量、含砂率以及场地条件，判断是否需要存储。

6 应选择对周边环境干扰小的出入口运载废弃物，并设专人检查运输车辆清洗、超载、多装、覆盖等情况。

10.3.8 在水源地或地下水环境敏感区施工时应采用环保施工材料与工艺，并采取堵水、限排、回灌以及防止地下水路径改变等措施。

11 应急管理与救援

11.1 一般规定

11.1.1 施工事故应急抢险与救援工作应当坚持"预防为主、常备不懈、救人第一"的方针和遵循"统一指挥、分级负责、冷静有序、团结协作,遵循快速有效处置、防止事故扩大"的原则。

11.1.2 施工单位应建立应急救援机构,制定应急管理制度,建立预警与响应机制,编制应急预案,指定专人负责应急管理与救援工作,组织人员进行应急培训与应急演练。

11.1.3 当施工风险源发生变化或转移时,应相应调整应急预案,并针对新的风险进行应急培训和应急演练。

11.1.4 现场应急救援人员应携带专业防护装备,采取安全防护措施,执行应急救援人员进入和离开事故现场的相关规定。应急小组应根据需要具体协调、调集相应的安全防护装备。

11.1.5 事故发生时,应立即设置警戒线,设置警示标志,对外隔离事故现场,查明人员受伤情况,若发现人员受伤,应立即进行医疗救治。

11.1.6 事故处置完成后,施工单位应按相关规定进行事故调查,并通报事故原因和经过,落实防范和整改措施,避免类似险情再次发生。

11.2 应急管理

11.2.1 施工单位应根据本单位组织管理体系、施工技术水平、风险源或风险因素的性质,以及可能发生的事故类型,确定应急预案体系,并根据实际工况和工程经验,编制应急预案。

11.2.2 应急预案应组织专家评审,上报相关部门,审批通过后方可执行。

11.2.3 盾构隧道工程施工应急预案应与建设单位的应急预案、施工企业内部的应急预案、工程所在地政府的公共应急预案相衔接。

11.2.4 应急预案内容应符合现行国家标准《生产经营单位生产安全事故应急预案编制导则》（GB/T 29639）的有关规定，并与施工组织设计同步编制，应急预案宜包括下列内容：
  1 编制目的、依据和原则；
  2 应急救援机构及责任划分；
  3 应急处理流程；
  4 信息报告与处理；
  5 应急决策与响应；
  6 应急措施及扩大应急措施；
  7 警戒、疏散；
  8 信息发布；
  9 应急资源管理；
  10 应急演练与应急培训；
  11 应急救援方法和联系方式；
  12 应急终止与总结；
  13 恢复施工。

条文说明

  应急资源包括应急救援队伍和应急物资两个方面。应急物资包括应急救援所需的防护设施与用品、医用救助仪器与物品、食物和饮用水、生活设施与用品、运输交通工具、器材工具、工程机械设备、工程材料、动力燃料、照明设备、通信设备等。

11.2.5 应急救援机构主要职责宜包括下列内容：
  1 负责接收和上报事故预报警信息，应急响应与决策，事故处置过程中的通信联系与信息发布。
  2 负责对事故现场的应急处置，制订有效与合理的处理方案，采用加固、抢修或排除事故隐患等措施。负责对人员和物资的抢救，将事故的损失降到最小，避免事故范围的扩大和事故的再次发生。
  3 负责组织救护车辆、医务人员、医用救助设备与用品等进入指定地点，组织现场抢救伤员。与施工现场附近医院、消防队及其他社会应急救援组织签订互助协议，建立协同救援的互助关系。
  4 负责会同有关部门和单位，具体负责项目安全生产重大事故信息的发布工作，并保证信息发布的准确、客观及全面。
  5 负责现场人员安全疏散与避难，布置安全警戒区域，保障应急通道畅通，保障应急物资供应，保障应急照明、应急通信、应急机械设备、医用救助仪器、交通运输工具等正常使用。

6 负责应急救援资源的管理与调配。

7 事故处置完成后，负责对事故原因分析、事故发生及抢险救援经过、事故造成的后果进行调查，编写事故调查报告，上报相关部门。

11.2.6 应急救援机构应下设应急救援小组，应急小组组长应由项目经理担任，副组长应由主管技术与安全的人员担任，负责对施工现场突发事件的辨识及应急救援小组的调度和指挥。

11.2.7 应急救援应实行动态化管理，配备应急通信设备和远程监控系统，建立现场风险巡查制度和自查自纠制度。

条文说明

应急通信设备和远程监控系统应配备备用电源，实时确保正常工作。应急救援机构需派专人进行现场风险巡查。各安全生产部门应定期开展自查自纠工作。

11.2.8 施工现场作业平台应设置应急照明、应急逃生标志和警报装置，并应符合下列要求：

1 应急照明设备和警报装置应配备备用电源，同时保证光照度符合要求。
2 应急逃生标志在黑暗下可以识别。
3 警报装置应同时具有手动和自动报警功能。

11.2.9 应急资源配置应符合下列规定：
1 应急救援队伍应由训练有素的专业救援队伍和培训合格的人员组成。
2 应对相关部门可用的应急资源建立长期联系，确保联系畅通和抢救及时。
3 应提前储备应急物资，并单独储存保管，不得挪用。
4 应定期对机械设备进行维护与保养，保证机械设备始终处于无故障状态。
5 救援指挥车辆、救援工程车辆、救护车辆与司机应保持良好状态，确保应急救援工作随时展开。

11.3 应急响应

11.3.1 盾构隧道工程施工前应建立应急预警与响应机制，设定预警和响应等级，制定应急响应程序。

条文说明

应急响应程序包括抢险准备，信息报告及处理，应急决策及响应，警戒、疏散及信息发布，应急救援的资源配置，应急终止及汇报，恢复施工。

11.3.2 应急抢险前准备工作应包括下列内容：
1 应急小组人员进场；
2 应急物资调配到位；
3 增加环境变形监测布点、监测人员与监测设备，提高监测频率；
4 设置警示标志、警戒线；
5 清理应急通道。

11.3.3 启动应急预案的前提条件应符合下列要求：
1 工程监测数据超过报警值，周围环境呈现破坏特征；
2 出现突发性工程险情或事故；
3 出现突发性人员事故；
4 遭受突发性自然灾害。

条文说明

周边环境呈现破坏特征如建（构）筑破损严重、地面变形过大或塌陷、管线爆裂、燃气泄漏等；突发性工程险情或事故如开挖面或成形隧道内涌水、涌砂或坍塌，泥水循环输送管爆裂，管片、箱涵或盾构机构件调运时坠落，机械设备或车辆倾覆等；突发性人员事故如人员触电、人员溺水、人员缺氧或中暑、人员中毒、人员严重灼伤、人员高空坠落等。

11.3.4 险情或事故发生时，应立即启动应急预案，按照应急响应程序，上报情况，同时按照应急预案实施应急救援工作；当险情无法控制时，应组织人员与物资撤离现场，等待救援。

11.3.5 险情或事故发生时，信息上报内容宜包括下列内容：
1 发生的时间与地点；
2 基本情况；
3 伤亡及临时救援情况。

11.4 应急措施

11.4.1 盾尾严重渗漏应急措施应符合下列规定：

1 盾尾仅渗出少量清水时，宜对盾尾油脂腔内持续注入油脂。

2 盾尾渗出浑浊泥水或浆液时，应对盾尾持续注入油脂，并立即拼装管片，通过盾体径向孔注入克泥效或聚氨酯，并对脱出盾尾管片进行双液注浆或注聚氨酯。

3 盾尾大量涌水、沙或浆液时，应对盾尾持续注入油脂，同时通过盾体径向孔注入克泥效或聚氨酯，对脱出盾尾管片进行双液注浆或注聚氨酯，立即拼装管片，向涌水、涌砂处填塞海绵、棉被。

4 可按照盾尾内轮廓，用硬塑胶材料，加工对应千斤顶数量的弧形板，用千斤顶将弧形板压紧至管环上，弧形板紧贴盾尾内轮廓，封闭管片与盾尾之间空隙。

5 在不堵管前提条件下，宜适当增加浆液稠度。

6 盾尾渗漏稳定后，应及时修复或更换盾尾刷。

7 应配置两套独立排水系统。

条文说明

盾尾发生渗漏水往往是从轻微渗漏开始，处理不及时或者不彻底造成盾尾密封油脂被冲刷和劣化，泥沙进入盾尾，使得尾刷发生非正常磨损，密封效果变差，一旦发生盾尾间隙突变即有可能引起中等规模漏水。而中规模漏水如未及时处理，在大量的泥水冲刷下，盾尾油脂将不断泄漏，从而引发更大规模漏水。当发生中、大规模漏水时，即使可采用特殊方法将其封堵，但盾构机已无法正常掘进，需对尾刷进行修复。如封堵失败，则造成盾构机被淹、隧道报废的严重后果。

当更换第二道盾尾刷时，盾尾处只有两道盾尾刷起到密封作用，密封性难以保证，极易发生涌水、涌砂情况；当涌水、涌砂未能及时封堵时，会造成成环管片失稳，发生形变，严重时会切断管片螺栓，造成隧道坍塌。

管片二次双液注浆需注意压注双液浆的位置要由远及近，从距离渗漏点较远的点位进行双液浆注入；需根据实际需要确定初凝时间和选择浆液配比；从较远的注入点注入时，注浆压力可适当提高，但注浆压力不宜过高。

11.4.2 管片吊装作业事故应急措施应符合下列规定：

1 空中管片坠落应急措施应符合下列规定：

1）应对事故原因进行调查，重新检验吊装设备。

2）检查管片受损情况，当管片发生严重损坏时，应重新选择或制造起吊点，装备再次吊装；当管片发生轻微损坏时，应观察管片的姿态与位置，并重新审定管片的吊装点。

3）当管片突然下落碰触其他管片时，应对其他管片进行检查，并重新审查吊装点的适宜性。

2 未吊装管片发生翻倒应急措施应符合下列规定：

1）应检查其他管片的固定情况，并根据实际情况采取措施。

2）应检查管片受损情况、管片位置和姿态，重新审定管片起吊点。

3）当多块管片发生翻倒时，应采取"由上而下，分块起吊"的原则吊装，在吊装翻倒管片前，应观察拟起吊管片的受力情况，利用千斤顶等设备平衡受力后再进行起吊。

3 空中管片发生倾斜应急措施应符合下列规定：

1）管片应停止上升，同时缓慢下降；若管片在空中仍有晃动，所有人员应撤离作业现场。

2）管片落回起吊位置后，应检查原因，并重新选择起吊点。

11.4.3 冒浆应急措施应符合下列规定：

1 发生轻微江底冒浆时，在不降低开挖面水压下宜选择向前推进，适当加快推进速度和提高拼装效率，快速通过冒浆区域。

2 发生严重江底冒浆，导致盾构机不能推进时，应将开挖面水压降低到水土压力平衡为止，并提高泥水密度和黏度；应检查掘削干砂量，确认有无超挖；掘进一定距离后应进行壁后注浆，并将开挖面水压调至正常状态，进行正常掘进。

11.4.4 开挖面失稳应急措施应符合下列规定：

1 在刀盘未卡滞和泥水循环系统工作正常的情况下，应及时调整开挖面压力及浆液参数，控制好开挖舱内液位，适当提高掘进速率，快速通过。

2 当刀盘卡滞时，及时返冲逆洗刀盘；当返冲逆洗刀盘无效时，应及时开舱采取措施清除大体积岩块、孤石、障碍物等。

3 当泥水循环系统发生故障时，应及时开舱采取措施对故障系统进行修复。

4 当开挖面失稳导致地面沉陷时，应立即对地面进行回填注浆，同时盾构机向前推进，使刀盘推抵开挖面，支撑开挖面稳定。

11.4.5 盾构始发与接收发生涌水、涌砂应急措施应符合下列规定：

1 当因帘布问题导致洞口涌水、涌砂时，应及时对帘布进行修复。

2 当因加固失效导致洞口涌水、涌砂时，应及时对地面进行注浆加固。

11.4.6 开舱作业事故应急措施应符合下列规定：

1 当开挖面发生严重坍塌时，应停止作业，人员及时撤离，关闭舱门。

2 当开挖面失稳导致地面沉陷时，应急措施应符合第11.4.4条第4款的规定。

3 发现舱内气体浓度超标，人员应立即撤离，并切断电源。

4 开挖舱或人闸内发现起火异象，应立即启动消防喷淋装置。

5 工机具出现故障时，应立即停止作业，检查故障原因和严重程度。

6 当进舱过程中补气量影响舱内通信或作业时，应立即停止作业，查明原因。

7 当舱内人员感觉不适时，应立即停止作业，减压出舱。

8 在舱内进行焊接、切割作业时，出现人员胸闷，应立即停止作业，将人员送至通风处，排除舱内烟尘，置换空气。

9　出现人员窒息，应立即进行人工呼吸或体外心脏按压，或移送医院救治。

11.4.7　暴雨、大风、大雾、台风等极端天气应急措施应符合下列规定：

1　编制应对极端天气的应急预案，并组建应急抢险队伍，设专人负责值班与巡查，发现问题及时上报。

2　施工场地选址前，应进行施工环境调查，避免将施工场地设在灾害易发地段。

3　应收集历史气象信息，并关注天气预报。

4　应储备防洪防汛物资，提前做好防洪防汛准备。

5　雨季施工应定期派专人疏通临时排水设施，并配合当地政府完成施工现场附近河道清淤工作，疏通地下排水系统，拆除影响排洪的设施。

6　遇到暴雨天气时，应将临时设施、施工机械设备向安全场所转移，或对其进行加固防护或拆除；对可能发生漫水、沉陷或坍塌的施工区域，应进行加固处理，并设置警示标志。

7　海上作业遇到大雾天气时，施工作业船和爆破船应按照相关规定，停止作业，择地下锚。

8　遇到台风天气的应急措施符合下列规定：

1）应制订施工现场防台方案。

2）应组织人员检查机械设备、通信、救生、防火、堵漏、排水等设备，并确保设备处于正常使用状态。

3）组织人员培训防台知识和应急演练。

4）采取措施对车辆、机械设备、临时设施等进行防护或加固。

9　遇到大风天气时，应对车辆、机械设备、临时设施进行加固；六级以上大风不得进行吊装作业。

10　施工机械设备应按相关规定配置雷电报警器和避雷针。

条文说明

施工现场防台方案包括防台组织机构、防台组织岗位职责、防台工作程序、防台通信网络、防台值班制度等。海上作业需要使用锚地避风防台时，需提前编制防台锚地计划，并提前24h向当地海事部门申请锚地，在得到当地海事部门同意的指令后，船舶驶入避风锚地。

11.5　应急逃生与救援

11.5.1　盾构隧道工程施工前应建立应急逃生与救援制度，根据风险源和风险因素的特征，及可能导致的事故类别，制订应急措施。

11.5.2 施工现场内应规划有应急逃生与救援路线，应设置逃生通道和应急避难所，施工作业不得占用逃生通道，材料、机械设备不得占用应急避难所。

11.5.3 应定期对作业人员进行应急培训，组织人员进行应急演练，演练前应结合施工环境变化和以往演练的情况制订计划，演练后应及时评审演练效果，并不断对其完善和改进。

条文说明

由项目经理负责，应急救援组织机构实施，每年至少组织所有参建人员进行一次应急演练，并做好工作记录。

11.5.4 应急救援培训宜包括下列内容：
1 应急救援制度与程序；
2 风险源或风险因素的类型，以及可能导致的事故；
3 躲避危险的方法；
4 自救及互救知识；
5 预警报含义；
6 警报设备、通信装置、应急机械设备、医疗求助设备与用品等的使用方法；
7 主要及备用逃生路线、集合地点及避难急救场所位置；
8 应急救援机构的联系方式。

11.5.5 事故发生后应在保证救援人员安全的前提下开展应急救援工作。

11.5.6 施工现场应配备至少一名医护人员，医护人员应掌握基本医疗常识和应急医疗救助常识，应负责日常健康检查、日常轻微伤势治疗和应急医疗救助等工作。

11.5.7 应急救援应符合下列规定：
1 事故发生初期，事故现场人员应采取应急自救措施；应急救援机构应立即启动应急预案，调配人员与应急物资，上报事故或险情，应急小组按照应急预案实施现场抢险与救援。
2 事故发生后，应加强事故现场安全保卫、治安管理和交通疏导工作，对肇事者等有关人员应采取监控措施。
3 当人员受伤严重时，应进行临时医疗救助，同时呼叫120寻求紧急医疗援助。
4 重大安全事故发生后，施工单位应立即向相关监管部门上报事故情况。
5 重大安全事故发生后，应保护事故现场，采取措施抢救人员和财产；因抢救伤员、防止事故扩大以及疏通交通等原因需要移动现场物件时，应做出标志、拍照、详细记录和绘制事故现场图，并妥善保存现场重要痕迹与物证。

11.5.8 当医护人员到达事故现场后，应向医护人员告知伤员受伤原因和已采用的临时医疗救助方法。临时医疗求助方法应包括下列内容：

1 当伤员昏迷时，应及时清除伤口或鼻口内的泥块、凝血块、呕吐物等，并将昏迷伤员舌头拉出，防止窒息。

2 当伤员皮肤流血时，应对伤员进行简易包扎、止血。

3 当伤员呼吸、心跳停止时，应进行人工呼吸和体外心脏按压。

4 当伤员骨折时，应及时用夹板等简易设施固定骨折部位。

5 当伤员被压在重物下方时，应立即组织人员移除重物，避免挤压综合征的发生，并将伤员转移到安全场所。

11.5.9 高空坠落和物体打击事故发生时，不应急速移动或摇动伤员身体，应多人平托住伤员身体，缓慢将其放至于平地或平板上，并利用临时医疗求助设备与物品简单救治伤员。

11.5.10 触电事故发生时，应立即采取措施使触电人员脱离带电体，或立即切断电源。

11.5.11 火灾事故应急救援措施应符合下列规定：

1 火灾事故发生时，应组织人员疏散与灭火，加强事故现场交通疏导，并联系消防、医疗、交管等部门进行现场救援。

2 发生电气火灾，或火势威胁到电气线路，或电器设备和电气危及灭火人员安全时，应及时切断电源，再进行灭火。

3 火灾事故发生后，应将受到或可能受到火灾威胁的易燃易爆物品，转移到安全区域，设专人看管。

4 火灾扑灭后，应注意保护火灾现场，并设专人巡视防止死灰复燃；当火势无法扑灭时，应采取措施阻止火势蔓延，配合消防部门灭火。

5 人员受困时应设法进行抢救。

11.5.12 有毒、有害气体中毒事故应急救援措施应符合下列规定：

1 发现有毒有害气体超标，应立即停止作业，疏散作业人员，采取空气置换等措施，降低气体浓度。

2 发生人员窒息时，应立即将人员送至通风处，进行人工呼吸或体外心脏按压，或送医院救治。

11.5.13 机械设备伤害事故应急救援措施应符合下列规定：

1 事故发生时，应立即停止运转机械设备和相关作业，及时使伤员脱离机械设备。

2 伤员无法立即脱离机械设备时，应立即对机械设备进行拆除，并在拆除机械设备前，对伤员进行临时医疗救助。

11.5.14 在短时间内出现多人身体不适，并且症状相同，应将患者及时送往医院救治，查明病因。

11.5.15 隧道内或工作井基坑围护结构涌水、涌砂事故应急救援措施应符合下列规定：
1 涌水、涌砂事故发生时，应立即停止作业，对涌水、涌砂的发生位置、流量、变化规律及水的浑浊程度等进行观测。
2 应利用抽水设备对涌出的水或砂进行抽排，并采取措施对涌水、涌砂部位进行封堵。
3 涌水、涌砂导致地面塌陷时，宜立即对地面进行灌浆。
4 发生特大涌水、涌砂事故，作业人员应立即撤离现场，采取措施填补或封闭涌水、涌砂区段。

11.5.16 隧道塌方事故应急救援措施应符合下列规定：
1 塌方事故发生时，人员应停止作业，立即撤离现场，并清点人数、确定人员伤亡情况。
2 当人员被困时，应立即调查塌方位置和规模，尽快打通生命通道，利用生命通道与被困人员取得联系，并向被困人员供风、供氧，提供应急食物和药品。

11.5.17 爆炸事故应急措施宜符合下列规定：
1 当爆破施工中炸药和雷管出现哑炮时，在专业爆破人员未对哑炮进行处理之前，无关人员不得进入现场。
2 在确定无爆炸危险的情况下，派专业人员采取措施对哑炮进行处理。
3 爆炸事故发生时，应立即启动应急预案。
4 爆炸事故发生时，应及时组织人员疏散，排查人员受伤情况，对伤员进行临时医疗救助，或送往医院。

11.5.18 施工现场交通事故应急救援措施应符合下列规定：
1 事故发生时，应维护现场治安秩序，组织人员疏散，采取措施救治伤员。
2 重新组织车流分组通行。

11.5.19 燃气泄漏事故应急救援措施应符合下列规定：
1 燃气管线变形超报警值时，应提高监测频率、加密监测布点，应通知燃气管线管理部门，派专人采用专业设备对燃气泄漏情况进行检测，必要时应采取措施对燃气管线进行加固。

2 当发现燃气泄漏，应启动应急预案，组织现场人员关闭燃气管线阀门，必要时通知燃气管理部门停止供气，将管线内气体放空，并采取通风措施，清除聚积燃气。
3 应及时组织人员协助燃气管理部门的维修人员对破损管线进行抢修。
4 燃气管线发生大面积泄漏时，应协同燃气管道管理部门、消防部门、交警部门，组织群众疏散。必要时进行局部交通管制，采取措施对车辆和行人进行疏导。

11.6 恢复施工

11.6.1 应急救援机构应根据事故情况对事故可能给基础设施、环境等造成的危害进行预测；并根据预测结果，决定应急程序的结束和制订恢复方案。

11.6.2 应急终止条件宜包括下列内容：
1 事故的危险源已经消除或险情得到有效控制；
2 应急救援行动已完全转化为社会公共救援；
3 局面已无法控制和挽救，场内相关人员已全部撤离；
4 应急救援机构根据事故的发展状态认为终止的；
5 事故已经在上级主管部门结案。

11.6.3 应急救援工作和事故处置完成后，恢复施工前应组织对作业现场进行全面安全排查，确认安全后再重新组织施工。

11.6.4 事故处置完成后，施工单位应按相关规定进行事故调查，编制事故调查报告，上报相关部门备案，事故调查报告宜包括下列内容：
1 发生事故的单位、时间、地点、位置；
2 事故类型；
3 事故原因；
4 事故经过和影响范围，现场人员和附近人口分布；
5 应急抢险与救援措施；
6 有关部门和单位协助救援抢险的事宜；
7 伤亡情况及事故直接经济损失的初步评估；
8 事故的报告时间、报告单位、报告人及电话联络方式。

11.6.5 当发生重大事故时，应由事故调查单位和上级应急救援机构组织专家对基础设施、环境等进行技术鉴定，制订技术措施，实施恢复。

附录 A 进舱前进舱人员登记检查项目表

表 A.0.1 进舱前进舱人员登记检查项目表

作业部位：				日期：	
进舱作业人员	检查时间	检查项目	检查结果	检查人	备注
		是否持证上岗			
		是否经过安全教育			
		有无感冒、头疼等症状			
		有无饮酒			
		有无疲劳作业			
		衣物是否满足要求			
		有无携带非工作相关物品			

本规程用词说明

1 为便于在执行本规程条文时区别对待,对于要求严格程度不同的用词说明如下:
1) 表示严格,在正常情况下均应这样做的:
正面词采用"应",反面词采用"不应"或"不得"。
2) 表示允许稍有选择,在条件许可时首先应这样做的:
正面词采用"宜"或"可",反面词采用"不宜"。
3) 表示有选择,在一定条件下可以这样做的,采用"可"。
2 条文中指定应按其他有关标准、规程执行时,写法为"应符合……的有关规定"或"应按……的有关规定执行"。

引用标准名录

1 《起重机械安全规程》（GB 6067）
2 《爆破安全规程》（GB 6722）
3 《污水综合排放标准》（GB 8978）
4 《城市区域环境振动标准》（GB 10070）
5 《建筑施工场界环境噪声排放标准》（GB 12523）
6 《地下工程防水技术规范》（GB 50108）
7 《建设工程施工现场供用电安全规范》（GB 50194）
8 《地下防水工程质量验收规范》（GB 50208）
9 《盾构法隧道施工及验收规范》（GB 50446）
10 《城市轨道交通地下工程建设风险管理规范》（GB 50652）
11 《建设工程施工现场消防安全技术规范》（GB 50720）
12 《城市轨道交通工程监测技术规范》（GB 50911）
13 《空气潜水减压技术要求》（GB/T 12521）
14 《生产经营单位生产安全事故应急预案编制导则》（GB/T 29639）
15 《地下铁道工程施工质量验收标准》（GB/T 50299）
16 《建筑机械使用安全技术规程》（JGJ 33）
17 《施工现场临时用电安全技术规范》（JGJ 46）
18 《建筑施工起重吊装工程安全技术规程》（JGJ 276）
19 《盾构法开仓及气压作业技术规范》（CJJ 217）
20 《大直径泥水盾构施工技术指南》（Q/CRCC 33301）

涉及专利和专有技术名录

1　国家专利

［1］中铁十四局集团有限公司．泥水盾构刀盘冲刷系统：中国，201410103414.7［P］．2015-11-11．

［2］中铁十四局集团有限公司．一种超大直径盾构始发洞门密封钢环整体安装装置：中国，201410163143.4［P］．2015-12-30．

［3］中铁十四局集团有限公司．一种盾构隧道用箱涵翻转设备：中国，201720271685.2［P］．2017-10-24．

［4］中铁十四局集团有限公司．一种常压刮刀更换模拟仓：中国，201720271683.3［P］．2017-11-14．

［5］中铁十四局集团有限公司．一种高水压条件下泥水盾构盾尾刷更换液氮冻结安全保护装置：中国，201720367957.9［P］．2017-11-14．

［6］中铁十四局集团有限公司．一种泥水盾构防结泥饼常压更换冲刷切削刀：中国，201720594589.1［P］．2018-01-26．

［7］中铁十四局集团有限公司．一种大直径泥水盾构机刀盘刀具清洗与外观监视装置：中国，201720451912.X［P］．2018-04-06．

［8］中铁十四局集团大盾构工程有限公司．一种隧道管片运输车：中国，201822105175.5［P］．2019-11-12．

本文件的发布机构对于该专利的真实性、有效性和范围无任何立场。

该专利持有人已向本文件的发布机构保证，他愿意同任何申请人在合理且无歧视的条款和条件下，就专利授权许可进行谈判。该专利持有人的声明已在本文件的发布机构备案。相关信息可通过以下联系方式获得：

专利持有人姓名：中铁十四局集团有限公司

地址：山东省济南市历下区奥体西路 2666 号

请注意除上述专利外本文件的某些内容仍可能涉及专利。本文件的发布机构不承担识别这些专利的责任。

2　工法

［1］中铁十四局集团有限公司．GJYJGF075—2010 超大直径盾构穿越浅覆土水下隧道施工工法［D］．北京：中华人民共和国住房和城乡建设部，2011．

［2］中铁十四局集团有限公司．YXGF-94—2015 大盾构隧道高性能高精度管片预制制作施工工法［D］．北京：中国铁建股份有限公司，2015．

[3] 中铁十四局集团有限公司. YXGF-95—2015 大直径泥水盾构在小半径曲线上精准接收综合施工工法 [D]. 北京：中国铁建股份有限公司，2015.

[4] 中铁十四局集团有限公司. GGG（中企）D6009—2016 单管双层超大直径盾构隧道内部结构同步快速施工工法 [D]. 北京：中国公路工程行业协会，2016.